Recensioni per *Risvegliando Gaia*

Una delle cose per me più entusiasmanti è incontrare un'anima antica che si è risvegliata. Fred è una di queste. Qualcosa di ancora più entusiasmante, per me, è essere testimone di un medico spiritualmente illuminato.

In questo splendido libro Fred condivide il suo viaggio, un risveglio spirituale guidato dalle sincronicità. Fa attenzione ai segnali che lo portano ad accedere alle antiche conoscenze del suo DNA. le cui radici hanno origine in Lemuria. Lavora con i cristalli, ascolta, e lascia che vengano posizionati dove essi lo conducono, sulla Terra. C'è intenzione e bellezza in questo, cosa non sempre ovvia per lui, ma ha fiducia. Quando l'intenzione è sincera, il cuore la segue. In questo modo entra in contatto con i suoi pazienti in una maniera speciale. In questo libro rendo onore al suo viaggio e alla sua storia. Le sincronicità ti hanno probabilmente portato a leggere questo libro sorprendente.

— Papessa Hawaiana Kahuna Kalei'iliahi

Adoro questo libro! Ancora una volta Fred dà una prospettiva terrena della magia che si rivela mentre viene riattivata la griglia cristallina terrestre. Le sue eloquenti intuizioni ci ricordano che siamo tutti guidati dallo spirito, e siamo tutti parte del risveglio di Gaia. Il tempismo di questo libro non potrebbe essere migliore. Ti troverai a sorridere in ognuna delle sue avventure, confidando che il nostro mondo si trova in buone mani..le nostre.

—Jonette Crowley, autore di
The Eagle and the Condor & *Soul Body Fusion*

Entrando in questo momento cruciale della rinascita collettiva e planetaria viviamo sfide e opportunità come mai prima d'ora.

Diventa così sempre più importante scoprire il quadro generale, e cercare attivamente soluzioni su come poter non solo migliorare le nostre vite umane, ma anche accrescere il benessere di tutte le speci in questo mondo interconnesso e multidimensionale.

Mentre il libro di Fred Grover *Spiritual Genomics*, scritto magnifica-mente, trattava di come la pratica della mindfulness modifichi il nostro DNA migliorando salute, benessere e felicità, il suo nuovo libro *Risvegliando Gaia* approfondisce come possiamo essere al servizio del be-nessere e dell'evoluzione

del nostro bellissimo pianeta, Madre Terra, con le nostre uniche modalità. In *Risvegliando Gaia*, il dott.Grover ci mostra come attivare il massimo potenziale in noi stessi e nella terra, condividendo le sue affascinanti avventure spirituali nei luoghi sacri intorno al mondo.

Le storie mistiche e sciamaniche delle avventure di Fred intorno al mondo contenute in questo libro senza dubbio vi inspireranno, e espanderanno la vostra visione. Vedrete come ogni cosa è connessa oltre il tempo e lo spazio, sarete incoraggiati a notare la presenza di sincronicità divine nella vostra vita, che vi aiuteranno ad aprire il cuore e vi guideranno a scoprire il destino della vostra vita.

Con radici in entrambi i mondi della medicina e dello sciamanismo, Fred segue il richiamo del suo cuore e crea guarigione per se stesso, per le persone intorno a lui e per Gaia. Leggere il nuovo libro del dott.Grover vi porterà in quel posto speciale del vostro cuore in cui siete una cosa sola con la terra, l'universo e tutti gli esseri viventi. . Dallo spazio espanso, tutto è possibile.

Raccomando *Risvegliando Gaia* con tutto il cuore a chiunque stia cercando di vivere questa elevata consapevolezza con Gaia, e percorrere il potente sentiero di chi crea un mondo magico, compassionevole e benefico per tutti gli esseri viventi. Ti unirai a lui in questo viaggio?

> — Yves Nager è l'autrice del best seller *Hawaiian Rebirth*, e co-autrice del bestseller di Amazon, *Inspired by the Passion Test*. Ha inoltre contribuito al capitolo del libro *Ilahinoor- il Risveglio dell'Umano Divino*

Risvegliando Gaia

Risvegliando Gaia

La griglia del cristallo di Lemuria

di Fred Grover Jr. M.D.

Traduzione di
Irene Vecchiotti

Spiritual Genomics Press™
P.O. Box 202562
Denver 80220
© 2019 by Fred Grover Jr., MD
All rights reserved

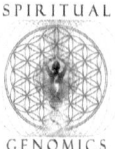

per riprodurre parti di questo libro, per conferenze o altre
richieste si prega di contattare l'autore all'indirizzo
email fgroverjr@spiritualgenomics.com

Editor: Margaret A. Harrell, https://margaretharrell.com
copertina: Fronte: cristallo di Lemuria in mano all'autore,
foto dell'autore, costellazione delle Pleiadi (iStock 471297753)
Retro: Porta del Sole presso Tiwanaku (iStock 1169769976)
e Spiral Galaxy (Shutterstock 278931728)
Interior and cover design: Darlene Swanson, https://van-garde.com

Seguici sulla nostra pagina Facebook Spiritual Genomics!
Visita il sito https://spiritualgenomics.com

Publisher's Cataloging-In-Publication Data (Preparato da the Donahue Group)

Nome: Grover, Fred, 1964- autore.
Titolo: Risvegliando Gaia : la griglia del cristallo di Lemuria / Fred Grover Jr. M.D.

Descrizione: Denver, Co. : Spiritual Genomics Press, [2019]
Serie: Spiritual Genomics | Comprende riferimenti bibliografici.

ISBN 978-1-7337722-4-2 (pbk) | ISBN 978-1-7337722-5-9 (ebook)

Subjects: LCSH: Grover, Fred, 1964---Religion. | Sacred space--Pacific Area.
| Cristalli--Uso terapeutico. | Geometria--aspetti religiosi. | Terra (Pianeta)--
Religious aspects. | Energy medicine. | Lemuria.

Classification: LCC BL580 .G76 2019 (print) |
LCC BL580 | DDC 203.5--dc23

www.spiritualgenomics.com

Indice e contenuti

	Introduzione	p.xi
Capitolo 1:	La magia della sincronicità e il Mio Primo Cristallo	p. 1
Capitolo 2:	Inca Trail e Nascita della griglia di cristallo di Lemuria	p. 17
Capitolo 3:	Palenque, il gioiello smeraldo dei Maya	p. 31
Capitolo 4:	Chaco Canyon e il richiamo del Corvo	p. 51
Capitolo 5:	Il Risveglio dell'energia del Divino Femminile nel Lago Titicaca	p. 67
Capitolo 6:	I Teschi di Cristallo, energizzando il campo di luce arcobaleno del Quetzalcoatl	p. 95
Capitolo 7:	La visione di Rapa Nui	p. 115
Capitolo 8:	Connettere, emanare la griglia intorno a Gaia e nel cosmo	p. 141
	Ringraziamenti	p. 145
	Note	p. 147
	Illustrazioni	p. 149
Appendice	Google Map: Griglia del cristallo di Lemuria . . .	p. 153
	Notizie sull'autore	p. 155

Introduzione

Per migliaia di anni gli esseri umani hanno allineato i templi con la luna, il sole e le costellazioni in cielo. Già nel lontano 11,000 a.C. cerchi neolitici, kiva nativo americani, templi, cattedrali e piramidi dimostrano l'importanza di questi allineamenti in tutto il mondo e in diverse culture. Alcuni esempi dall'Età della Pietra comprendono Göbekli Tepe (Turchia), il cerchio di Stonhenge (Inghilterra), il tempio pre-Inca dei Tiwanaku (Bolivia), le piramidi egizie, le piramidi azteche di Teotihuacan, le piramidi Maya (Messico, America centrale), proseguendo nel tempo con il kiva nel Chaco Canyon (strutture cerimoniali), gli edifici del Tempio di Angkor Wat (Cambogia), lo stupa buddista di Swayambhunath, e il tempio Mount (Israele) con il suo Duomo della Roccia, per citarne alcuni. E' probabile che in futuro altri siti allineati archeologicamente e astronomicamente vengano trovati anche prima di Göbekli (11,000 anni di età).

Dobbiamo solo aspettare che il cappello di ghiaccio in Antartide si sciolga. Vista l'attuale velocità di scioglimento dei ghiacci, forse l'unico beneficio del cambiamento climatico è che nei prossimi anni potremmo vedere qualcosa.

Per festivals e nascite di profeti i nostri calendari si sincronizzano con i solstizi (durante i quali il sole è alla sua maggiore distanza dall'Equatore), gli equinozi (maggiore vicinanza all'Equatore).

Sotto di noi, ci siamo allineati ulteriormente con le energie di Gaia, la Madre Terra, attraverso linee temporanee, circoli e forse anche cerchi nel grano.

Perché mai fare una cosa simile? Esistono delle prove scientifiche che dimostrano il beneficio di creare allineamenti con le stelle o con i campi energetici del pianeta? Papesse, sciamani e saggi ricevevano segnali divini che gli indicavano di allineare strutture e creare linee energetiche e cerchi? Alcuni luoghi, come le linee di Nazca (in Perù), sono destinati a comunicare con visitatori che vengono da lontano? Forse abbiamo un aiuto da forme di vita intelligenti provenienti dalla nostra galassia o oltre?

Può esserci un'intelligenza di dimensioni superiori con cui alcuni di noi stanno entrando in contatto, che danno indicazioni agli esseri umani e alle altre specie? La deposizione dei coralli perfettamente sincronizzata con il ciclo lunare; le balene megattere, che navigano dall'Alaska alle Hawaii, e le api con la loro danza per indirizzare le api operaie al nettare. Apprezzare le loro abilità dovrebbe renderci più umili, o almeno creare un senso di stupore di fronte alla sorprendente intelligenza degli organismi coloniali, di insetti e animali. Come testimoni di questo innato comportamento istintivo dobbiamo contemplarne la capacità da imitare nel nostro comportamento, e nel modo in cui prendiamo decisioni. *Abbiamo perso la connessione alla dimensione superiore, mentre le forme di vita inferiori la possiedono ancora?* È stata soppressa dallo sviluppo della corteccia cerebrale e del cervello pensante? Siamo vicini a una missione su Marte, ma non comprendiamo ancora la nostra coscienza. Le api sanno connettersi a una più vasta intelligenza cosmica che le guida a creare complesse strutture 3-D, selezionare regine, e sapere quando è il momento della sciamatura?

Introduzione

E' chiaro che gli insetti non hanno la grandezza corticale per prendere molte delle decisioni che prendiamo. Guardando la salute del pianeta e il benessere dell'umanità sembra che molti di noi abbiano perso questa intelligenza, e è necessario riottenerla presto. Il nostro interesse nel colonizzare Marte è quello di una coscienza collettiva che ha bisogno di scappare da un pianeta in pericolo, come da un alveare stressato? O è semplicemente per dimostrare la prodezza dei programmi spaziali del paese?

Se abbiamo intenzione di mantenere la vita sulla Terra sta a noi trovare un modo per mitigare i fattori di stress. Nel mio primo libro, *Genomica Spirituale,* ho elencato molti modi per migliorare la nostra salute e ampliare il DNA, come attraverso la guarigione, i suoni, la pratica mindfulness e altro. Una volta curati noi stessi, possiamo curare gli altri e il pianeta.

Capitolo 1:
La magia della sincronicità e il Mio Primo Cristallo

In cima alla lista delle mie domande di vita resta questa: "Perché sono stato chiamato a posizionare cristalli intorno al mondo? In apparenza dovrei essere uno degli individui meno probabili a fare una cosa di questo tipo!

Il mio percorso è stato pieno di scienza e ricerca, iniziando dal liceo, per poi intensificarsi non appena iniziati i miei studi propedeutici di medicina nel 1983, seguiti da una profonda immersione nella scienza, appena completai la facoltà di medicina nel 1993 e proseguii a fare i miei tre anni in Medicina Generale. Non sono nemmeno cresciuto in una tenuta con genitori hippie. Più o meno una normale vita americana, tranne numerosi spostamenti sopra la norma, crescendo in Colorado, California e Texas. Chiamo il Colorado la mia casa, avendo vissuto lì per la maggior parte della mia vita, più di trent'anni.

Mio padre, recentemente andato in pensione all'età di ottant'anni, è un cardio chirurgo di fama mondiale che lavorava ottanta o più ore a settimana, mia madre era una radicata, tradizionale madre casalinga che amava fare volontariato in chiesa, giocare a mahjong, partecipare a club di giardinaggio e soprattutto tenere me e mio fratello fuori dai guai durante la nostra adolescenza. Mai e poi mai il bilanciamento dei chakra e le proprietà energetiche dei cristalli sono stati parte delle nostre conversazioni a cena.

Forse perché da adolescente ho girato il mondo con la famiglia, o ho trascorso tempo di qualità nella natura facendo hiking, viaggi con zaino in spalla, immersioni, e altre attività che hanno iniziato a cambiarmi. Nonostante abbia più volte rischiato la vita (sono quasi morto scalando una roccia e in un incidente in macchina) non ho mai avuto esperienze pre-morte (NDE. n.d.T: Near Death Experience). Molti di coloro che iniziano a provare cose poco comuni, come lavorare con i cristalli, hanno avuto esperienze pre-morte o altri grossi traumi, che li hanno spinti a scappare e esplorare altri regni per curarsi.

La mia miglior supposizione è quella di aver mostrato interesse in questo campo una volta diventato consapevole delle meraviglie del mondo, e della complessità del corpo umano, che non può essere spiegata. Ho capito che c'era molto di più di ciò che la scienza poteva iniziare a spiegare, che si tratti delle interazioni estremamente complesse delle nostre cellule, che ci fanno funzionare come una cosa sola, o la costruzione delle Grandi Piramidi. Sezionare il cuore, il cervello e ogni altro organismo nella facoltà di Medicina fu davvero illuminante. Mi sorpresi di come ci siamo diversificati da una piccola sfera di cellule a un essere estremamente complesso che cammina, e che ha sviluppato quella che noi chiamiamo coscienza. Mi chiesi, *La coscienza è semplicemente qualcosa che il mio cervello ha formulato nella stessa maniera in cui si sono sviluppati i tratti neurali? O è qualcosa che acquisiamo quando ci connettiamo con l'universo? Può la piccola ghiandola pineale che ho visto per la prima volta nel corso di anatomia agire come antenna, collegando a dimensioni superiori e a ciò che chiamiamo coscienza? Esiste una coerenza tra la mia coscienza con quella degli altri attraverso il piano planetario, o un piano cosmico di unità?*

Iniziai ad approfondire il lavoro interiore attraverso la meditazione, aprii la mente a tutte le possibilità, rimuovendo pregiudizi e filtri anche dalla più strana delle idee o teorie riguardanti l'origine della vita. Attraverso questa pratica meditativa senza filtri, iniziarono degli incontri sincronistici, e la mia vita fluì in un modo più naturale. Per me andava bene essere critico su una teoria, ma mi sarei detto di essere aperto a essa se non ci fosse un modo per confutarla.

Ricordo che iniziai a fare attenzione alla sincronicità dopo la lettura de "La profezia di Celestino" di James Redfield, che apparentemente per caso catturò la mia attenzione in una libreria di un aeroporto, mentre ero diretto con mia moglie in un viaggio di un anno intorno al mondo nel 1996.

Dopo aver trascorso i tipici sette anni di post-laurea per completare le nostre lauree in Medicina e le abilitazioni, avevamo deciso di fare un viaggio nel '96 per rilassarci. Sembrava folle, ma eravamo chiamati a scappare e decomprimere.

Nonostante i nostri $200.000 di debiti, chiedemmo altri prestiti, affittammo la nostra casa e partimmo da minimalisti, soggiornando in ostelli e portandoci quello che entrava negli zaini. Di vestiti ne avevamo uno nello zaino e uno sulla schiena. Avevamo acquistato dei biglietti aerei intorno al mondo per soli quattromila dollari a testa, che ci permettevano di andare a Est da una città principale all'altra. Connettevamo i puntini tra le regioni con treni, traghetti, voli tramite l'app Hopper e barche, viaggiando in venticinque paesi.

Finii il libro e onestamente non pensai molto agli incontri casuali che Redfield nominò così spesso. Nonostante ciò, rimasi aperto alla possibilità di "coincidenze" significative (sincronicità).

Erano passati circa quattro mesi e avevo iniziato a notare cose strane, come essere invitato alla rievocazione del Giuramento di Ippocrate appena arrivato all'isola di Kos, in Grecia. In un museo mi imbattei in un medico che si trovava sull'isola per questo raro evento, e per caso arrivammo il giorno prima e ci incontrammo. Solo fortuna, pensai.

Un mese dopo, a ottobre, arrivammo al Cairo, in Egitto, e trovammo una navetta a poco prezzo dall'aeroporto alla città. Stipati in questo camioncino, a mala pena con l'aria condizionata, attaccai bottone con un altro americano seduto accanto a me. Capii presto che stava studiando cartografia, e stava anche lui facendo un viaggio intorno al mondo. Scese in un'altra parte della città, e noi proseguimmo in una regione vicino al Nilo per gironzolare, cercando un hotel carino adatto al nostro budget. Due giorni dopo mi imbattei in lui nella piramide a gradoni di Saqqara e, senza pensare nulla di particolare, lo salutai velocemente. Dopo un fantastico mese trascorso vedendo le piramidi e in crociera sul Nilo verso Luxor, volammo nel sudest asiatico, atterrando ai piedi dell'Himalaya a Kathmandu, Nepal. Eravamo lì per esplorare le montagne, la cultura, e fare volontariato. Di ritorno da un volontariato medico rurale nell'area delle montagne Langtang, sentii l'impulso di provare una lezione di meditazione offerta da un monaco buddista, non lontano dal nostro alloggio nella zona di Thamel. Lo trovai lì seduto in un gruppo di sei persone, in attesa della lezione. Ok, in effetti è un po' strano. Non sapevo stesse andando in Nepal e sicuramente non mi aspettavo di vederlo lì seduto per caso in una lezione di meditazione. Ci salutammo brevemente dopo la lezione, e gli augurai buon viaggio.

Passarono tre mesi, io e mia moglie decidemmo di fare un viaggio di più notti in kayak nello scenico Parco Nazionale di Abel Tasma, nell'isola sud della Nuova Zelanda. Il secondo giorno, a 19 km circa, pagaiando incontrammo alcune foche che prendevano il sole su una piccola isola. Facemmo alcune foto delle foche in relax con la mia fotocamera compatta, provvista di Kodachrome 64, guardai in basso verso la mia mappa waterproof ben legata al ponte, e vidi un sentiero invitante: "che ne dici di pagaiare fino all'inizio di quel sentiero, fare una piccola camminata e un bagno nella cascata?" "Certo," rispose

Kayak da mare presso il Parco Nazionale di Abel Tasman con sua moglie Theresa (foto di un caro compagno di kayak)

Il nostro kayak a due posti si spiaggiò e si fermò, e iniziammo la nostra camminata. Circa a metà strada di uno stretto sentiero a senso unico sorpassammo una coppia che tornava alla spiaggia. Appena cinque passi dopo ci voltammo tutti a fissarci. "Oh mio Dio, sei tu, David?"

"Fred, che diavolo fai mi segui intorno al mondo?"

"Ha! Vorrei poterti dire di sì, ma questo è solo un altro dei nostri incontri casuali! Che sta succedendo? E' una follia incontrarti per caso in una camminata remota durante un viaggio di due giorni in kayak!" Scuotemmo tutti la testa, increduli, lui tornando al suo kayak, e io andando verso la cascata. Ebbi una strana sensazione quel giorno, e un messaggio che mi informava chiaramente che non tutto nell'universo è casuale. Anche se non l'ho più visto (ho perso i suoi contatti personali) resto fiducioso che un giorno i nostri percorsi si incroceranno di nuovo! Forse mi troverà attraverso questo libro. Cosa c'entra la sincronicità con i cristalli? Nei prossimi capitoli, proseguendo questo viaggio, vedrai le cose con piú chiarezza.

Andiamo velocemente al 2005. Praticavo medicina già da otto anni e ricordo chiaramente una paziente su mille; oltre ad avere qualche problema basico di medicina, era entusiasta del potere guaritore dei cristalli. Di lei ho una memoria fotografica, la posso descrivere seduta lì mentre pensavo: "*Wow, questa ragazza è pazza. Sta delirando? Sotto quale categoria del DSM-5 si trova "credere di curare con i cristalli?"* (Si tratta del Manuale diagnostico e statistico dei disturbi mentali, quinta edizione, pubblicato dalla American Psychiatric Association.). Mentre la ascoltavo parlare in maniera logica e calma, notando che era chiaramente orientata, decisi che la stavo valutando troppo in fretta, come spesso accade ai medici che fanno di corsa le pratiche per l'assicurazione. Molti l' avrebbero identificata come potenzialmente schizofrenica, e se non avessero ascoltato le sue storie si sarebbero rivolti a psichiatria: le storie non riguardavano curare il cancro con i cristalli, ma più semplicemente sentirsi meglio, sentirsi innamorati della vita. Dopo averla ascoltata, le dissi di continuare a lavorare con i cristalli. Senza pensare nulla di particolare. Continuai il mio lavoro di routine visitando venti o più pazienti al giorno, come medico di famiglia.

Circa un anno dopo, facendo un'escursione nei colorati pioppi tremuli vicino Breckenridge, decisi di visitare un negozio di pietre sulla strada principale, chiamato "Nature's Own" (n.d.T: Della Natura) pieno di fossili, gemme, cristalli da tutto il mondo. Ai bambini piace, poichè ci si possono trovare denti di squalo di un milione di anni fa, ammoniti, e pietre antiche. Quel giorno vagai fino a arrivare a una vetrina che mostrava alcune rare e splendide gemme. Tra queste, un semplice cristallo a forma di noce catturò la mia attenzione: mi sembrò fuori posto, costava solo venti dollari e non aveva i colori quasi psichedelici delle altre gemme circostanti. Aveva la grandezza di una noce, e una concavità centrale che gli dava una forma ancora più unica.

Il vero primo cristallo di Lemuria dell'autore, che fece scoccare la scintilla.

Rimasi seduto lì, a fissarlo con curiosità, e decisi che doveva venire a casa con me. Il negoziante lo incartò in un giornale, insieme a un foglietto di carta con alcuni dettagli sulla sua provenienza e le sue proprietà principali. La piccola scheda di carta recitava: "Cristallo di seme di Lemuria, proveniente dal Brasile, è un minerale di biossido di silicio che presenta scanalature trasversali con un interno chiaro.

"Forte! Grazie," dissi. Secondo Robert Simmons e Naisha Ahsian, coautori de "The Book of Stones: who they are and what they teach " (n.d.T: "Il libro delle pietre, Chi sono e Cosa ci insegnano".), i cristalli di seme lemuriano si connettono al divino femminile, unione dell'anima, accesso alla conoscenza e alla saggezza dell'antica Lemuria. Principalmente influenzano il chakra della corona (settimo) e dell'anima (ottavo). Ecco la spiegazione spirituale sul sito healingcrystals.com:

> Leggende metafisiche affermano l'esistenza di una antica civiltà avanzata chiamata Lemuria, simile a Atlantide, ma più spiritualmente avanzata e pacifica. Poiché.... Il loro tempo sulla terra si avvicinava alla fine, i Lemuriani programmarono questi cristalli in modo che insegnassero il loro messaggio di unità e guarigione, messaggi che sarebbero stati rivelati una volta che la Terra fosse pronta per riceverli. I Lemuriani quindi piantarono (o "seminarono") i Cristalli di Lemuria, codificati con la loro antica conoscenza e saggezza, in modo che fossero trovati secoli dopo da noi.
>
> La leggenda continua affermando che i Semi di Cristalli di Lemuria sono piantati in un modello di griglia sulla superficie della Terra e oltre, in altre stelle e dimensioni. Quando ci si connette a un Cristallo di Lemuria e all'energia che esso contiene, ci si connette anche alla griglia delle energie associate dalla Terra, alle stelle, e oltre.

Arrivai a casa a Denver e misi questo intrigante cristallo sul mio comodino, senza sapere cosa farci. Rimase lì per settimane, in mostra, quando a un certo punto decisi di posizionarlo sulla mia fronte, tra le sopracciglia, e iniziai a meditare con esso e con altri cristalli lemuriani più grandi.

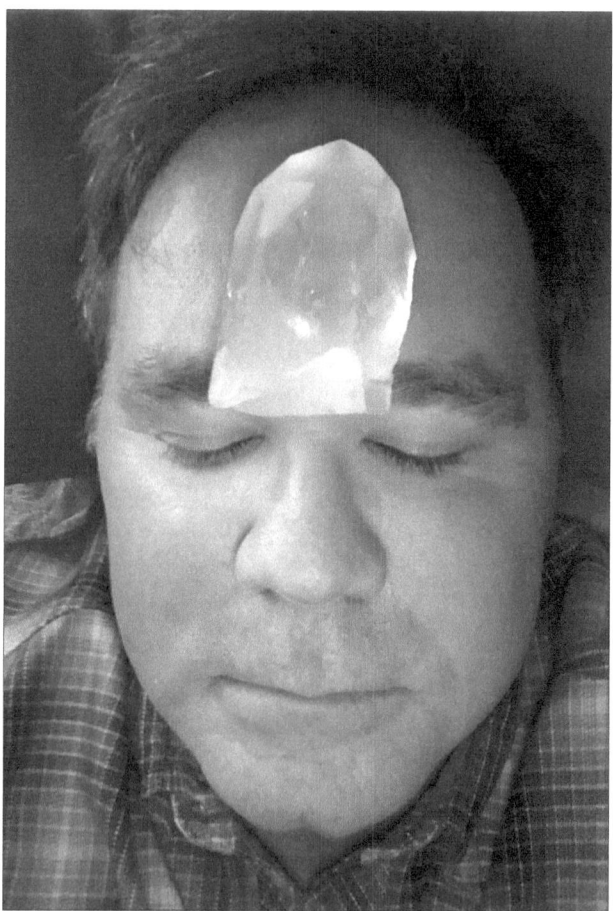

Autore con Cristallo di Lemuria sul Terzo Occhio (foto di Keaton Grover)

Per qualche ragione sdraiandomi fui spinto a posizionarlo sulla zona del Terzo Occhio, occhi chiusi, per un'ora la maggior parte delle sere, visualizzandomi mentre mi connettevo al cosmo, attirato spesso dalle Pleiadi. Passarono molte notti. Non accadde nulla, tranne lo spavento quando una volta, mentre ero appisolato e girato su un fianco, il cristallo fece un tonfo sul pavimento di legno.

Proseguii con questa abitudine, con mia moglie che commentava che fossi strano a fare una cosa simile, e una notte, con mia sorpresa, iniziò a succedere qualcosa. Meditavo da una settimana quando iniziai a sentire un formicolio nel punto in cui il cristallo era a contatto con il mio Terzo Occhio. Spostandolo leggermente e mettendolo su una posizione specifica, potevo sentire l'energia intensificarsi o diminuire. Improvvisamente sentii da questo punto un aumento del flusso di energia abbattersi attraverso la colonna fino ai piedi. Era simile a un'energia orgasmica, ma invece che salire, il cristallo emetteva un flusso discendente. Per impulsi sempre più intensi mi si contrassero leggermente le gambe, e sinceramente mi spaventai un po', all'inizio pensai di avere qualche tipo di complessa crisi epilettica! Questo evento si ripetè diverse notti, con tre o sei impulsi di energia. Alcune notti furono particolarmente intense. Il flusso sembrava casuale, non collegato a solstizi e altri importanti eventi astronomici o astrologici. L'unica relazione che trovai fu che il luogo poteva avere un impatto sull'intensità del flusso energetico. Fare questa pratica in luoghi sacri o in natura spesso lo amplifica, così come lavorare con piante sacre sciamaniche. Ne parlerò più avanti.

Il mio esperimento con questo semplice cristallo continuò per almeno un anno, a quel punto decisi di ricercare altri cristalli di Lemuria allo show rock-and-gem che si tiene ogni anno a Denver, la mia città di origine. Mio figlio, otto anni, venne con me e ogni anno continua a non vedere l'ora di andarci. Come me assapora la diversità delle pietre, minerali, cristalli, e fossili. Lo show di Denver è il secondo più grande, il più grande del mondo si tiene a Tucson. Fu un po' travolgente. Centinaia di stand allestiti per vendere qualsiasi cosa, dai fossili di età giurassica a grandi geodi, meteoriti, e cristalli alti sei piedi o oltre al prezzo di oltre $50,000. Quel giorno andammo in cerca di piccoli e grandi Lemuriani. Dopo un paio d'ore trovammo un venditore dal Brasile che aveva soprattutto cristalli grandi, la maggior parte alti più di un metro. Ma sugli stand aveva delle splendide punte, che andavano da uno a trenta centimetri. Decisi di comprare uno stock di circa cinquanta piccoli pezzi, e poi ne presi altri più grandi.

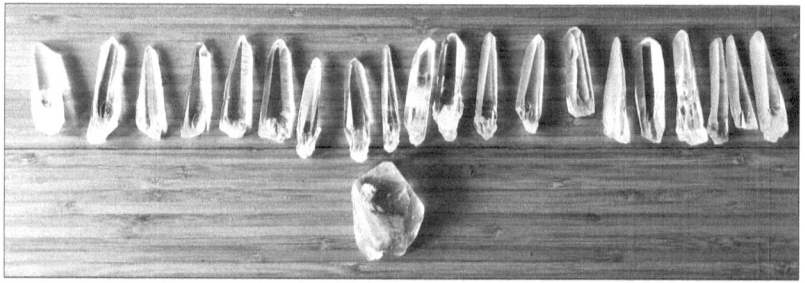

Semi di cristallo di Lemuria, selezionati da uno stock di cristalli successivamente utilizzati in una destinazione a venire (foto dell'autore)

Non sapendo bene cosa farci, li portai a casa per vedere cosa si potesse manifestare. Questo tipo di cristallo ha delle piccole linee perpendicolari alla lunghezza del cristallo, e per questo motivo vengono da molti chiamati "detentori della memoria". Si crede che le linee contengano dei dati, come una pennetta USB, sebbene la memoria che sono in grado di contenere superi di molto quella di qualsiasi pendrive. In effetti il "Cristallo di Memoria di Superman" può immagazzinare fino a 360 terabyte di dati a cinque dimensioni in sicurezza per milioni di anni.

La Tesla Roadster di Eleon Musk inviata nello spazio possiede uno di questi dischi di cristallo, carico di dati.[1]

Tornato a casa con i cristalli, feci degli esperimenti allineandoli sui miei chakra. Scoprii che un cristallo terminante con due punte risuonava perfettamente con il mio cuore; altri con gli altri chakra. Continuai a meditare sdraiato con quello più grande, un cristallo da quindici centimetri, tra le gambe e il chakra della radice e usando quelli di media grandezza per tutti gli altri, eccetto il più piccolo per il Terzo Occhio. Lo feci almeno una volta a settimana; gli altri giorni feci solo i posizionamenti sul chakra del cuore e sul Terzo Occhio.

Mi incuriosì lo studio dello sciamanesimo. E pur non avendone mai parlato, una settimana tre pazienti in giorni diversi mi consigliarono di studiarlo; due mi diedero consigli su dove andare! Fui esterrefatto, nessuno me ne aveva mai parlato prima, e poi nel giro di una settimana tre persone me lo avevano raccomandato. Ovviamente sapevo che era più di una coincidenza, perciò nel 2010 prenotai un corso della durata di un weekend lungo con una ragazza che insegnava le metodologie di Michael Harner a Colorado Springs, e poco dopo sentii di voler seguire lo sciamanesimo peruviano.

Procedetti con cautela nell'immergere il piede nelle acque dello sciamanesimo, temevo che potesse essere troppo pericoloso, e che fosse eccessivo per i miei confini spirituali.

Riconobbi il potenziale delle energie oscure nello sciamanesimo, nella stessa maniera in cui possono esistere in ogni dedizione spirituale o religiosa, espressi l'intenzione di stare solo nella luce e evitare ogni oscurità. Non avrei abbandonato il Cristianesimo, ma avrei ampliato la mia spiritualità fluendo in questo stato di espansione.

Qualche mese stavo studiando con "The Heart of the Healer" (n.d.T: "Il Cuore del Guaritore"), gruppo della tradizione Pachakuti Mesa fondato da don Oscar Miro-Quesada. Ci incontrammo quasi tutti i mesi per tre giorni di meditazione e insegnamento al mese. Questa particolare forma derivava più dalle montagne del Perù che dalle regioni della foresta pluviale, in cui molti stranieri fanno viaggi per preparare ayahuasca con gli sciamani Shipibo.

La mesa dell'autore, usata per scopi meditativi seguendo il principio della tradizione Pachakuti Mesa (foto dell'autore).

La magia della sincronicità e il Mio Primo Cristallo

Meditando in cerchio con altre dodici persone mi trovai a connettermi profondamente con Madre Terra e le stelle sopra di noi. Usammo una "mesa" per posizionare oggetti che rappresentavano i quattro venti, e degli oggetti per noi significativi da usare da un punto di vista spirituale. La mia mesa consiste in un Buddha, una croce, pietre, cristalli e oggetti di geometria sacra poggiati su una stoffa indiana degli Shapibo amazzonici del Perù. Non lo considero un altare, ma uno strumento meditativo che può aiutarmi a connettermi al cosmo, alla coscienza di Cristo o Buddha, Madre Terra, e altro. Diversamente da un altare, ha un notevole sentimento di apertura, che permette alle energie della luce di un universo di dimensioni superiori di fluire attraverso di esso e nell'individuo. Della durata di più di un anno, il training mi aiutò a fare molto lavoro interiore che non è possibile fare in una situazione clericale tradizionale o religiosa. Sentii di connettermi con la divinità presente in me e in ognuno di noi, espandendomi in uno stato di compassione di unità con il tutto.

Naturalmente in seguito mi venne voglia di viaggiare e fare esperienza delle energie del Perù, così prenotai nel 2011 un viaggio estivo! La mia intenzione era quella di scavare nei posti migliori del paese con la famiglia per dieci giorni, poi trascorrere un'altra settimana da solo andando più in profondità, con delle escursioni nel sentiero Inca. Loro non avevano interesse nel fare escursioni in questo sentiero così difficoltoso, così tornarono a casa dopo aver visto il Machu Picchu alla fine del tour, e io tornai all'inizio del sentiero vicino alla cittadina di Ollantaytambo per iniziare il mio viaggio di cinque giorni tornando a piedi.

Capitolo 2 :
Inca Trail e Nascita della griglia di cristallo di Lemuria

I primi dieci giorni in Perù furono affascinanti: girammo per Cusco, la Valle Sacra, il Machu Picchu, ma in quel momento desideravo una connessione più profonda e spirituale con le Ande e le energie presenti, sperando di trovarla con l'escursione nel cammino Inca.

Mi unii a un piccolo tour guidato con quattro Canadesi e il nostro team di supporto: due guide e alcuni facchini. Era piacevole avere qualcuno che mi portasse l'attrezzatura, lasciandomi semplicemente con il carico giornaliero di acqua, attrezzatura da fotografia, equipaggiamento base di trekking, e una manciata di cristalli che sembrava volessero venire con me. Non avevo programmi per i cristalli, essendo la mia intenzione quella di seguire ciò che sarebbero stati chiamati a fare.

I primi due giorni di escursione furono intensi, ci dirigemmo verso la cime del Passo della Donne Morta a un'altezza di 4,200 metri. La famiglia di quattro persone da Vancouver nel nostro gruppo si era allenata per il viaggio, quindi dovetti spingermi un po' per stare al passo. A questa andatura arrivammo a ogni campeggio sul cammino prima degli altri gruppi, che ci diedero i loro piccolini per montare le tende. Fortunatamente mi permisero di rallentare un po', così mi fermai per ammirare e fotografare le nebbiose montagne e le rovine.

Ci fermammo vicino alla cima del Passo della Donna Morta, e la nostra guida mise alcune foglie di coca su ciò che sembrava essere un tumulo di rocce (pila artificiale di pietre messe dall'uomo). Misi la mano nello zaino e tirai fuori il sacchetto, che ne era pieno, e ne misi tre tra alcune rocce.

Foglia di coca, fonte https://commons.wikimedia.org/wiki/File:Folha_de_coca.jpg

Ne prendemmo altre tre e poi, con un forte espiro, le soffiammo via dai polpastrelli verso la cima della montagna. Per prevenire il mal d'altitudine avevo portato una busta piena di foglie, e ero felice di averne in più per scopi cerimoniali. Le foglie vengono usate dai peruviani per preparare un tè stimolante o fare un'offerta agli dei, e, se la storia li aiuta, nelle mani di abili sciamani, per predire eventi futuri.

Chiesi se la pila di rocce fosse un apachita (simile a un tumulo, ma più grande). "Sì, ecco perchè stiamo facendo un'offerta." "Grazie. Lo avevo percepito." Avevo studiato gli apachita nella mia compagnia di sciamani. Vengono utilizzati per rendere onore a Madre Terra (Pachamama), o spesso accanto a *apu* (spirito montano), e giocano un ruolo nella tessitura di una rete di energia tra altri apachita, in Perù e in altri posti, bilanciando il pianeta. Potrebbero seguire una linea temporanea dritta (linea energetica naturale sul pianeta), o possono servire per connettere le energie tra luoghi sacri. Secondo gli sciamani, ci sono molte linee energetiche di apacheta che collegano Cusco dal Machu Picchu e altri importanti luoghi sacri intorno al Perù. Molte culture antiche, compresi gli antichi Puebloans di Chaco Canyon, a solo otto ore da casa mia in New Mexico, crearono delle linee di energia.

L'apachita personale dell'autore nel suo cortile

Rimasi a guardare questo apachita solitario, avvertii la sua energia fluire in varie direzioni come il dendrite di un neurone, che, non essendo solo una connessione che va dal punto A al punto B, manda impulsi a diverse regioni del nostro cervello umano. Riflettendo su queste intuizioni, iniziai a chiedermi se gli sciamani posizionassero apachita per il Pianeta Terra con un intento di guarigione, simile alla maniera in cui uno specialista in agopuntura posiziona gli aghi lungo una linea di meridiani per alleviare il dolore alla schiena, o migliorare il flusso sanguigno, o il flusso linfatico, o amplificare il Qi (forza vitale). Improvvisamente, ebbi l'impulso di prendere uno dei miei cristalli e posizionare il primo cristallo. Tenendo il cristallo sul cuore, il mio Terzo Occhio, respirando gli inviai dell'energia e lo posizionai tra le rocce più profondamente che potei nell'apachita.

Fred presso la Porta del Sole, Machu Picchu, nel 2001 (foto di un compagno di escursione).

Wow, perché lo sto facendo? Sembrava così naturale e nello stesso tempo surreale, con elementi di dèjà vu. Il gruppo era partito, giù nel percorso. Dovetti correre per riprenderli. Qualche miglio più avanti arrivammo presso un altro apachita, vi misi alcune foglie di coca e un cristallo. Continuai a fare questo lungo la strada fino all'ultimo giorno, ci alzammo presto per salire fino a Intipunku, o Porta del Sole. La Porta del Sole, a un'altezza di 2,745 metri, era l'entrata originale di questo santuario sacro. In questa chiara mattina osservammo una splendida alba, seguita dalla luce che illuminava l'erba verde scintillante e il magico Machu Picchu sottostante. Sentendo la sacralità di questa porta, decisi di nascondere un cristallo tra due grandi rocce accanto a essa. Benedissi il cristallo e la porta, e mi riunii al gruppo per scendere giù ai templi.

Le energie del luogo erano molto più palpabili di quelle che avevo sperimentato durante la mia prima visita. C'era qualche attenuazione nel mio corpo energetico mentre percorrevo il sentiero come gli antichi Inca avevano fatto? Il viaggio poteva essere così importante come l'arrivo? La maggioranza dei turisti moderni che vidi probabilmente vennero per depennarlo dalla propria lista, ma fallirono nel connettersi con la sua profonda essenza. I selfie non erano di moda nel 2011, e le app sono diventate disponibili solo da alcuni anni. L'app per i selfie fu rilasciata solo con l'iPhone 4, io non avevo ancora fatto l'aggiornamento. Oggi, grazie ai selfie e ai social media, il Machu Picchu è diventato molto quotato, salendo a uno delle Sette Meraviglie moderne insieme al sito Maya Chichén Itzà, illustrato più avanti. Tirai fuori la mia fidata SLR, e tenendo il primitivo iPhone nello zaino, incorniciai il luogo sacro, con il Wayna Picchu e altre montagne in vari angoli, chiaramente non immuni al fascino fotografico. Ad ogni modo, mentre componevo le foto, iniziai a notare caratteristiche e allineamenti che non sono sicuro mi sarebbero apparsi altrimenti. Per esempio, come le terrazze scollinate che portano al prominente Intihuatana creino sulla sommità una geometria simile ai gradoni delle piramidi.

L'Intihuatana, in cima a circa settanta gradini, "è una meraviglia di tecnologia antica, . . . una tipologia di orologio che misurarava quando fosse l'ora di celebrare il solstizio d'inverno, chiamato dagli Incas INTI Raymi, una delle più importanti celebrazioni e rituali dell'intero Impero " [2] ; fu scolpito nel granito. Poiché uno dei maggiori dèi Inca era il sole (inti, nella lingua Quechua), " per i preti era importante osservare il sole e capirlo. Pertanto avevano un orologio astronomico, o calendario, che indicava qualche periodo celeste significativo per loro. Questo orologio si chiamava *intihuatana.*"[3]

Alla voce *huata-* Wikipedia spiega che è semplicemente la parola spagnola per *wata-* "radice del verbo 'legare, attaccare." E "il suffisso Quechua *-na* deriva [da] nomi per strumenti e luoghi. Da qui *inti watana*, letteralmente strumento o luogo per legare il sole, o, in inglese, The Hitching Post of the Sun (n.d.T: il posto in cui il sole si riposa.) .

Machu Picchu in un angolo, in evidenza le terrazze a gradoni di pi-ramide (foto dell'autore)

Gli allineamenti del Machu Picchu con la montagna del Huayna Picchu, con il luogo sacro immerso nella sella tra i due, sembrò così perfetto visto dalla macchina fotografica.

Intihuatana, ovvero "il punto in cui riposa il Sole" (foto dell'autore)

Ne avevo catturato l'essenza su una memory card, mi sedetti su una roccia lontano dalla folla e meditai. Avevamo qualche ora per esplorare per conto nostro prima di incontrarci per pranzo, così mi rilassai connettendomi con le energie. Potevo sentire un formicolio salire dal coccige, su per la colonna, e creare poi un formicolio simile sul mio chakra della corona e sul Terzo Occhio. Nonostante i custodi che fischiavano ogni tanto per richiamare i turisti che si allontanavano fuori dalle zone delimitate, reindirizzato l'attenzione sul campo di energia che fluiva attraverso di me. Sembrava arrivare in pulsazioni simili a come avevano fatto i cristalli meditando con loro. A un certo punto sentii di aver completato la meditazione, e qualunque cosa stessi caricando o scaricando nel mio corpo energetico. Decisi di tornare alla regione dei templi, spinto dal richiamo di posizionare i cristalli rimanenti lì nelle fessure presenti nei muri, con l'intenzione di onorare il luogo e riconnetterlo agli apachita lungo il cammino.

Machu Picchu con l'Huayna Picchu sullo sfondo (foto dell'autore)

Capanna cerimoniale vicino Pisac, presso cui ho partecipato alla mia prima cerimonia ayahuasca (foto dell'autore)

Salutai la mia fantastica guida e la famiglia con cui avevo condiviso il trekking, mi incontrai con un assistente sciamano nella cittadina di Aguas Calientes. Per finire la mia immersione profonda nella zona avevo programmato un viaggio ayahuasca. Avrei preferito viaggiare verso la foresta pluviale, ma fui fortunato a trovare un centro di ritrovo con uno sciamano Shipibo (della foresta pluviale) che svolgeva piccole cerimonie sacre vicino Pisac. Quella notte iniziai la dieta e cominciai a bere l'acqua minerale speciale, prima di prendere il treno di ritorno a Ollantaytambo per partecipare a una cerimonia non lontana dall'inizio dell'Inca Trail. Non fu qualcosa che avevo deciso di fare per capriccio, ma ne avevo sentito il richiamo per più di un anno.

Dopo un altro giorno di dieta speciale e offerte dello sciamano, iniziammo la cerimonia in una capanna circolare dal tetto scoperto e fiamme di fuoco danzanti al centro.

Inca Trail e Nascita della griglia di cristallo di Lemuria

Immagine di pianta Ayahuasca (Shutterstock)

Parlo di questo viaggio in maniera molto approfondita nel mio primo libro, *Spiritual Genomics*. Lasciai andare permettendo che "Nonna Aya" facesse il suo lavoro, e iniziai a vedere le linee energetiche del Machu Picchu. Fu come se le stessi sorvolando, e guardai i colori più vibranti emergere, dal blu iridescente al verde fluorescente, scalando la cittadella dalla base fino al punto più alto, molto simile a come si vedrebbero le luci illuminare una torre radio. Si illuminerebbe la base della piramide, poi il livello successivo: così il flusso energetico che andava verso Intihuatana sembrava prendere luce. Forse ciò che stavo vedendo nel mio viaggio ayahuasca era l'energia di Pachamama (Madre Terra) collegarsi al cosmo attraverso la base del Machu Picchu, e scorrere attraverso l'apice all'Intihuatana. Non lo vidi quindi come se si collegasse al sole, ma più come se agisse da trasmettitore e conduttore, collegando le energie in maniera bidirezionale, tra questo posto sacro sulla Terra e l'infinito cosmo lassù.

Avevo notato come le terrazze, come menzionato prima nelle fotografie, crearono nel paesaggio una struttura simil-piramidale, ma non mi aspettavo che mi fossero mostrate durante un viaggio sciamanico da una vista aerea, in colori psichedelici. In seguito le luci irradiarono dal punto alto del luogo. Si vedevano forme di geometrie sacre nel cielo, e nel paesaggio circostante. Ora capivo perché i preti Inca avevano chiamato la pietra rettangolare in cima un "punto di riposo" del sole, come potevo vedere dalla più intensa energia emessa da questo punto. Potevo vedere la luce degli apachita collegarsi al sito, anche da questo punto alto. In qualche modo, i miei cristalli avevano avuto un impatto sulla forza della connessione a questo tempio sacro, abbracciato da due montagne? Qualcuno potrebbe vederlo come una sorta di viaggio LSD, ma sento che, mentre viaggiavo spiritualmente verso una dimensione superiore, mi fu mostrata un'intuizione, attraverso l'effetto dell'apertura del Terzo Occhio tramite N,N-Dimetiltriptamine (ovvero DMT, "la molecola dello spirito".)

Il viaggio continuò per altre due ore, con l'arrivo di molte altre spettacolari visualizzazioni. Quando tornai dal mio viaggio spirituale alla valle del Machu Picchu, guardai in basso, e potei vedere il mio corpo di luce sotto di me, e mi vennero mostrate le linee dei meridiani e i chakra.

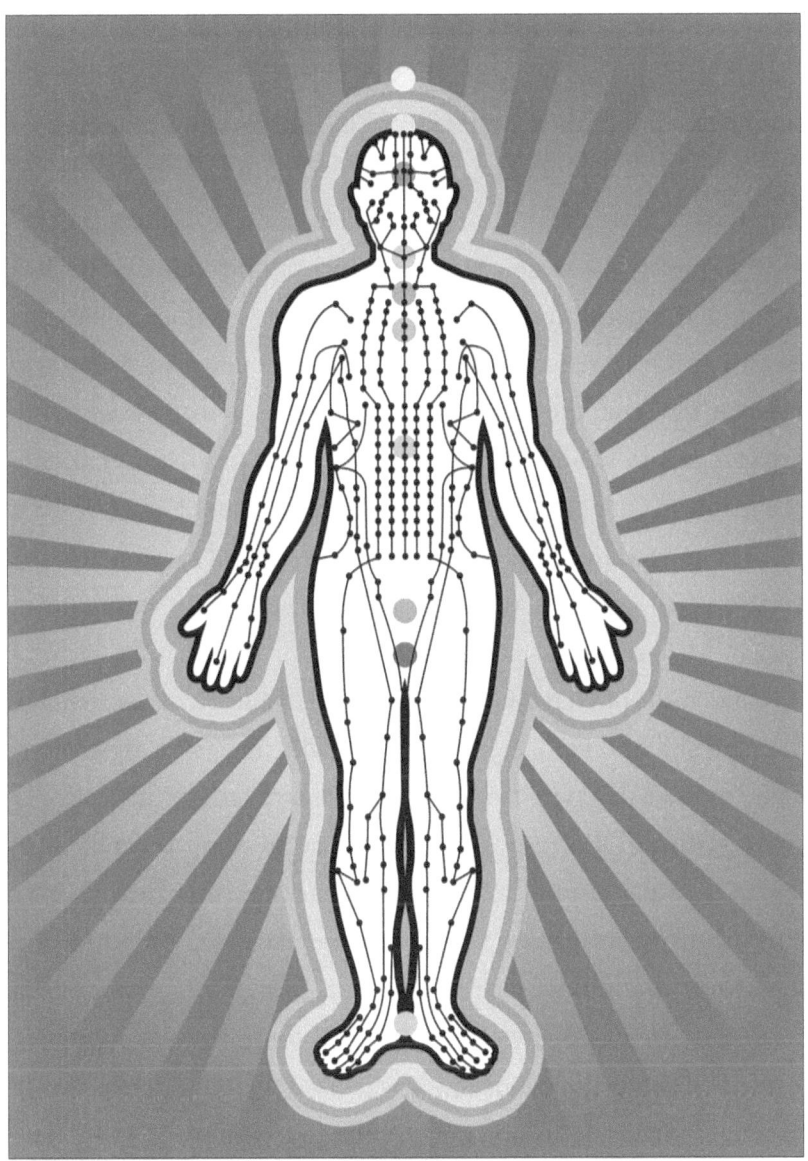

Linee di agopuntura e meridiani (iStock)

Questo confermò ciò che la medicina cinese e ayurvedica scoprì migliaia di anni fa. In seguito, ebbi un'incredibile visione del mio DNA che veniva scansionato in cerca di imperfezioni, seguita da una visione di me che eliminavo fisicamente spazzatura energetica: aveva bisogno di essere eliminata dalla mia vita attuale e dalle precedenti. Mentre spurgavo nel secchio che mi era stato dato, non vidi semplicemente il liquido, ma un buco nero a spirale che risucchiava queste energie negative dal mio corpo, e le mandava a un altro regno. Pur non essendo un'esperienza premorte, questa pianta medicinale mi aprì in un modo che sembrò vicino alle esperienze NDE, di cui ho sentito parlare. Non così esotica come le visioni del dott. Eben Alexander in *Milioni di Farfalle,* ma tendente verso quella direzione. La mattina seguente integrai con lo sciamano ciò che avevo visto. Sentì sinceramente che le mie visioni erano accurate rappresentazioni di energie della zona, di me stesso e oltre. Feci lo zaino, e salii sul camioncino per andare verso la strada ventosa, risalendo le colline terrazzate di Cusco. Mi sembrò surreale guardare il fiume Urubamba, e fare i tornanti multipli verso Cusco, fuori dalla valle sacra. La mattina dopo presi il mio volo, e guardai fuori dalla finestra le aspre montagne coperte di neve alla mia destra, contemplando tutto ciò che avevo vissuto. Di nuovo, il sentiero Inca mi sembrò simile a un sogno, un'esperienza oltre la terza dimensione. Tornato a Denver sentii di trovarmi in uno stato più bilanciato, che mi portò una sensazione di ulteriore passione, felicità, e leggerezza rispetto alla partenza. Un cambiamento molto più complesso del semplice sentirsi rilassato dopo una vacanza al mare. Connettermi con le energie delle Ande, e porre i cristalli per onorare le montagne e i templi sacri, sapeva di missione compiuta. Era veramente la linea del traguardo, o avevo altro lavoro da fare? Solo il tempo lo avrebbe detto.

Capitolo 3:
Palenque, il gioiello smeraldo dei Maya

Tornando a casa trovai difficoltà nel condividere con la famiglia e gli amici i dettagli di ciò che avevo sentito energicamente sul Machu Picchu, e il viaggio multidimensionale out-of-body (n.d.T: OBE, fuori dal corpo.) visualizzato durante l'avventura sciamanica seguente. Condivisi ciò che sentii essere ragionevole e comprensibile per loro in quel momento, evitando contenuti che potessero spronarli a prendere un appuntamento per una valutazione psichiatrica! Se solo avessi potuto riprodurre le visioni in una maniera olografica sul tavolo da cucina, raccontando le impressioni e ciò che avevo visto, sarei stato più sicuro di poter condividere tutto.

Spesso penso alle visioni, o "stati alterati" che i profeti biblici hanno avuto, e mi chiedo se anche loro stessero lavorando con le piante medicinali come il ciceone greco, o fossero invece in grado di andare in uno stato trascendentale attraverso la preghiera o la meditazione per ricevere informazioni, e poi ritornate a una "normale" coscienza 3-D per condividere con altri.

Qual è quindi la differenza tra questi diversi livelli di coscienza? Secondo Tanaaz Chubb, uno scrittore dell'Huffington Post e correttore del sito Forever Conscious con il dottor Wei Chao, la 3-D è come vediamo le cose nel loro stato fisico: come vediamo noi stessi in quanto individui, sotto un'identità egoica. Nella 4-D, iniziamo a risuonare con l'idea che siamo tutti connessi e c'è di più della vita che vediamo nella 3-D; attività basate sulla mindfulness e uno stile di vita salutare diventano una priorità. Quando iniziamo a connetterci con il campo dell'unione, quella è la 5-D: più centrata sul cuore, compassionevole, e connessa a Gaia e al cosmo.

Credo che sia nella norma per un individuo avere intuizioni durante uno spazio meditativo, un lavoro con le piante medicinali sacre agli sciamani, e una preghiera che possa indurre gli stati delle onde cerebrali a un'attività di alte frequenze theta e gamma. Queste onde cerebrali sono state notate in chi fa alte esperienze di meditazione, come i monaci buddisti, permettendogli di immergersi prontamente negli stati della quinta dimensione.

Il giorno successivo tornai alla mia pratica, grossi blocchi di report di laboratorio si erano accumulati sulla mia scrivania e sentii un po' di scossa di ritorno alla realtà. Molti moduli dovevano essere firmati, molti pazienti richiamati. Senza parlare dei conti da pagare, e tutte le altre cose che includono l'avere una carriera indipendente nell'assistenza sanitaria.

Molti espiri dopo, e una solida pratica di pulizia della scrivania (tra i pazienti, e a fine giornata) riuscii a arrivare alla fine della mia prima settimana post viaggio. Sembra che ci sia sempre una sorta di punizione per me nel prendermi una vacanza. A prescindere dalle difficoltà, qualcosa di particolare stava succedendo mentre vedevo i pazienti. Ascoltavo di più, avevo una grande intuizione per ciò che stava accadendo con le loro condizioni e la loro salute generale.

Avevo una profondità maggiore nell'analizzare i parenti oltre la loro storia clinica e gli esami, e documentarlo nel computer. Notai che le mie capacità diagnostiche erano migliori quando guardavo semplicemente nei loro occhi e seguivo il loro racconto. Come disse il famoso fisico canadese William Osler, "Usa i tuoi cinque sensi. Impara a vedere, impara a ascoltare, impara a sentire, impara a odorare e sappi che facendo pratica da solo puoi diventare un esperto." Concordando con lui, avrei solo detto che abbiamo anche bisogno di aggiungere il nostro sesto senso: l'intuizione.

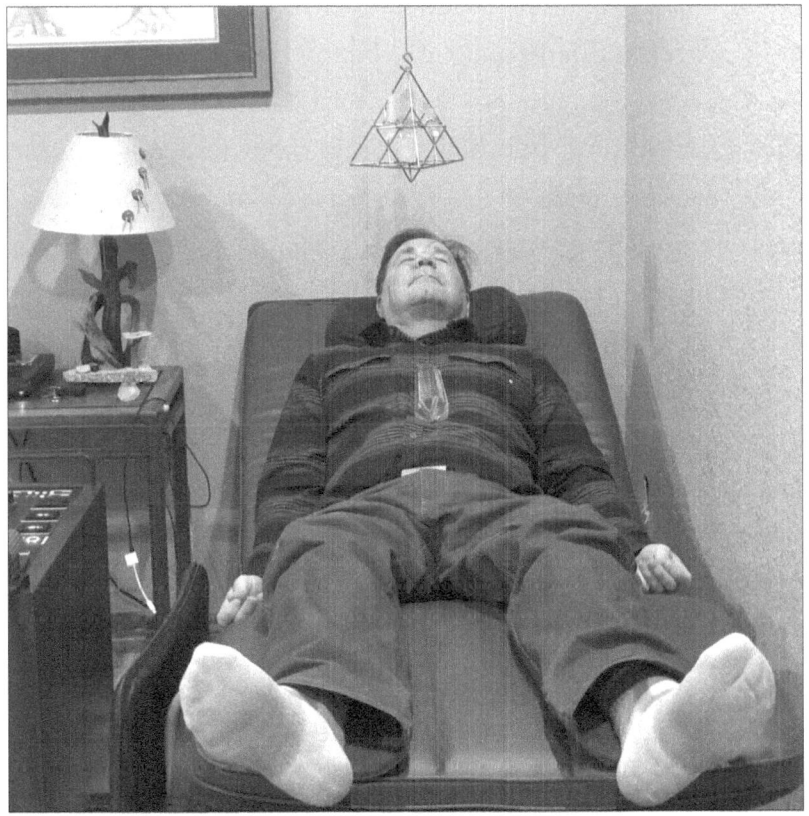

L'autore nella sua stanza da meditazioni alchemizzando energie, utilizzando un lettino sonoro, con sottofondo di musica mantra, una terapia con un campo magnetico a impulsi e geometria sacra. O meglio chiamata scherzosamente: la sedia del Capitano, per viaggi interstellari! (foto di Keaton Grover)

I mesi passarono velocemente tra la mia impegnata vita medica e familiare, e i weekend trascorsi a fare escursioni o sciare a seconda delle stagioni. Continuai la meditazione, ma iniziai a farne di più su un "lettino sonoro" nella sala hobby.

Questo strumento straordinario mi permise di ascoltare la mia musica di mantra preferita in una posizione inclinata, mentre la musica risuonava dai piccoli amplificatori a forma di ciambella, attraverso legno e il memory forma nel mio corpo. Avevo ascoltato Deva Premal, Snatam Kaur, e altri, scoprendo che il suono mi intratteneva in un profondo stato meditativo. Anche ascoltare musica a base di frequenze o canti di artisti quali Jonathan Goldman e colonne sonore di beat binaurali funzionava meravigliosamente bene. I beat binaurali (tipicamente ascoltati con le cuffie) emettevano una frequenza diversa a ogni orecchio, che aiutava il cervello a entrare in specifici schemi di onde cerebrali per la meditazione. Iniziai a sperimentare di più allineando cristalli sul mio corpo, e tenendo oggetti di geometria sacra disegnati da Gregory Hoag (Metaforms). Ascoltando con le cuffie, questo effetto di risonanza in tutto il corpo creava un potente intrattenimento sonico, rilassandomi profondamente, portandomi negli stati più profondi. Infine, ma non per importanza, aggiunsi una terapia tramite campo magnetico a pulsazioni, attraverso un tappetino potenziato che emetteva frequenze Schuman sul lettino sonoro. Questa modalità si alchemizzava con il suono e i cristalli per aprire e bilanciare ulteriormente i miei chakra.

Una sera, meditando in questa maniera, nella mia sala hobby arrivarono intensamente le energie pleidiane nel mio campo; le sentii specialmente attraverso il cristallo nel mio Terzo Occhio.

Mi rilassai con ciò che stava arrivando, e ricevetti un messaggio: dovevo "risvegliare" le energie di un luogo sacro Maya, conosciuto come "Palenque", con i cristalli. Pensai: *No, credevo fosse una cosa da una volta e basta. Perché mi stai chiedendo di andare lì?* Cercai di disfarmi del messaggio, ma le piramidi Maya nelle foreste pluviali continuarono a riapparire nelle mie profonde meditazioni. Decisi di leggere circa questo posto Maya, la casa di Pakal (603-683 d.C.), considerato il più spirituale di tutti i re Maya. Da notare che trovi un libro intitolato *Gli extraterrestri torneranno*, di Erich von Däniken, in cui l'autore fornisce dettagli sulla sua interpretazione del coperchio del sarcofago di Pakal, che lo ritrae mentre guida una navicella spaziale. L'opinione archeologica più accreditata è che Pical stia scalando il tradizionale Albero del Mondo sacro Maya, verso il paradiso e la resurrezione.

Copia del coperchio del sarcofago di Pical di un artista locale sconosciuto, acquistato dall'autore su territori di Palenque. Un razzo sull'Albero del Mondo Sacro?

Sono aperto a ogni possibilità, ma dopo aver visto così tanti luoghi Maya e altre immagini simil aliene, voterei per la teoria più coraggiosa e controversa di Erich von Däniken. Sembra ci siano molti misteri riguardo questo luogo Maya poco visitato, così decisi di prenotare un viaggio a novembre del 2012. Ero stato di recente a Chichèn Itzà, Tulum, e Tikal, e altri luoghi, ma mai a Palenque, in cui è più difficile accedere. Cercandolo su Google Maps scoprii che è vicino allo Stato del Chiapas, Messico, casualmente una zona in cui fino alla sua cattura nel febbraio del 2018 il boss di Las Zetas, una dei più grandi narcotraffici, avviò grandi operazioni.

Hmm, viaggiare in quella regione da solo otterrà dei bei pollici in giù dalla mia famiglia. Per fortuna, dopo varie discussioni, la famiglia cedette alle mie intenzioni da spirito libero, e prenotai il mio volo da Denver via Houston alla città di Villahermosa. Avevo scaricato le mappe più recenti sul mio vecchio Garmin GPS, così da poter affittare una macchina e magari guidare per tre ore senza sbagliare strada, evitando un'imboscata da una dei malavitosi in cerca di prede. Guardando fuori dalla finestrino (sinistro), a metà strada circa tra Houston e Villahermosa, fissai le stelle lontane. Era una vista nitida a 9,000 metri. Con mia sorpresa guardando la notte stellata vidi che la costellazione delle Pleiadi era al centro della mia vista. *Oh mio Dio*, pensai. *Questa è la costellazione che mi ha dato il messaggio di venire qui, e ora lo vedo brillare più che mai, fissarmi 444 anni luce da qui.* Mi sedetti lì, disilluso, con le lacrime scendere dalle guance, e rimasi concentrato per altri trenta minuti. In un'ora, intorno alle 9 di sera, l'aereo atterrò e presi una stanza in un hotel nelle vicinanze. Non fui abbastanza folle da guidare di notte per tre ore! La mattina seguente tornai all'aeroporto per affittare una macchina e iniziare il viaggio attraverso la campagna di Chiapas.

Sono un tipo calmo, ma ero parecchio nervoso la mattina in cui mi sedetti in macchina e montai il GPS sul finestrino. Inserii l'indirizzo e inviai una preghiera al mio spirito guida, che mi proteggesse verso e da Palenque in questa guida infida. Sorprendentemente la navigazione fu molto liscia, le strade difficili erano tollerabili. Riuscii ad arrivare all'alloggio prima del tramonto, a soli pochi chilometri dal sito archeologico, e mi stabilii lì. Avevo impacchettato una buona trentina di cristalli di Lemuria, e li avevo messi in una borsetta da portare con me il giorno successivo. Avendoli incensati con con il fumo aromatico del palo santo, ero entusiasta di vedere come sarebbero stati richiamati dalla terra. Il Palo Santo è un legno usato per pulire (o fare "smudge") energie negative in una persona, posto, o oggetto. Un membro della famiglia degli agrumi, anche chiamato "Legno Sacro" dagli spagnoli, cresce selvaggiamente in America centrale e sud America. In Nord America la salvia è più popolare per questi usi.

La prima notte non riuscivo a stare fermo, percepivo le energie intorno a me, e venivo svegliato dal suono misterioso di scimmie che ululavano vicino alla foresta. Per fortuna le avevo sentite qualche volta nella foresta in Costa Rica, altrimenti mi sarei spaventato da morire.

La mattina seguente feci colazione nel ristorante esterno di paglia. Alcuni tedeschi stavano mangiando accanto a me, ma sembravamo gli unici nel resort durante questo fuori stagione a novembre.

Palenque, il gioiello smeraldo dei Maya

Salvia e Palo Santo lungo il retro del mio tamburo sciamanico (foto dell'autore)

Ci vollero pochi minuti per guidare fino a Palenque, e appena entrai nel parco notai diverse guide avvicinarsi. Le cose andavano a rilento, quindi speravano di essere assunte. Comprai il mio biglietto d'ingresso e continuarono a seguirmi come sciami. Ma dopo il noioso incontro decisi che volevo fare il tour da solo. Il mio piano era di familiarizzare con il luogo durante il mio primo giorno, e nel secondo ritornare a mettere cristalli dove mi sentivo chiamato a farlo. Mi incamminai nella foresta, salii sui gradini e diedi il biglietto al sorvegliante all'ingresso. Dopo altri cinque metri un uomo anziano sembrò apparire dalla foresta, alla mia sinistra, e allungò la mano. Lo guardai in maniera curiosa, e mi strinse la mano. Sorrise, dicendo gentilmente " Il mio nome è Victor, e sarò la sua guida." Io quasi risi. *Sul serio? Questo tipo appare dal nulla nella foresta per annunciare che è la mia guida.* Feci un respiro, e mi connessi con il momento. *Sì, è lui la mia guida*, mi disse lo spirito. Dopo questa pausa, gli sorrisi di rimando e gli dissi "Sì, Victor, vorrei che mi guidassi."

Guida di Palenque, Victor Hernandez (foto dell'autore)

Camminammo lungo il sentiero fino a un cortile al limite, che si apriva al Tempio XII (Luna) e XIII (la cui decorazione lavica gli attribuiva il titolo Corridoio Funerario). Con il suo rilievo da teschio di coniglio, il Tempio XII è anche chiamato Tempio del Teschio. Adiacente a queste piramidi più piccole si trova il Tempio delle Iscrizioni[4]. Mentre ero lì, in piedi, a guardare quelle piramidi, sentii un flusso di energia attraverso la colonna vertebrale simile a quella che avevo sentito sul Machu Picchu. L'infame K'inich Janaab Pakal I si trova sepolto nel Tempio delle Iscrizioni. Pensai mentre camminavamo: *Sono pronto; fatti sotto, baby.*

Tempio delle Iscrizioni (foto dell'autore)

Subito ci sedemmo su una panchina di fronte, e guardandomi negli occhi mi disse: "Fred, sono qui per dirti la vera storia di Palenque. Iniziai a lavorare qui nei primi anni sessanta come bracciante, scavando con gli archeologi. Nessuna delle altre guide è stata qui più di dieci anni. Non conoscono i segreti." Nuova ondata di energia, di nuovo mentre cerco di radicarmi ascoltando. *Wow, non credo a ciò che sto ascoltando. Come è possibile che questo tipo mi abbia trovato, o come sincronisticamente io ho trovato lui, schivando le altre guide?*

" Vedi questa piramide davanti a te? Al suo interno nella base, in profondità, troviamo una piccola statua di Buddha. Non la vedrai nei musei o documentata nei libri, perché gli archeologi non sanno come spiegarla. E' un enigma." Ti mostrerò molti esempi di arte su questo luogo che dimostrano come i Maya fossero in comunicazione con l'Asia e l'Egitto, e condivisero conoscenza, arte, e architettura."

Poi mi portò alla famosa tomba nel Tempio delle Iscrizioni, dove mi parlò del misterioso coperchio del sarcofago e della vita spirituale di Pakal. K'inich Janaab Pakal I, o Pacal il Grande, anche chiamato 8 Ahua e Scudo del Sole; il suo lungo regno su Palenque durò dal 615 fino alla sua morte, sessantacinque anni dopo, nel 683. Fu "il quarto regno più lungo verificato di ogni monarca regnante nella storia, il più lungo nella storia del mondo per più di un millennio, e ancora il più lungo della storia delle Americhe.[5]" Creò una delle più fini arti e architetture Maya nella sua città capitale, compreso un palazzo con la sua iconica torre. In un articolo, Christopher Minster ci dice che "fu sepolto in fronzoli di giada con una bellissima maschera mortale, e sulla tomba di Pakal fu situata un'enorme roccia di sarcofago, laboriosamente intagliata con una immagine di Pakal stesso....il sarcofago di Pakal e la sua roccia sono tra i più grandi ritrovamenti archeologici di tutti i tempi.[6]

Qualcosa di ancora di più mi aspettava. In seguito la guida mi portò nella regione del palazzo, un'area inaspettata per i Maya. Come spiega l'Antica Enciclopedia della Storia, "Unicamente per le città Maya il punto focale della città è la residenza reale di Palenque, e non un tempio. Il luogo, probabilmente iniziato per primo da Pakal, e con maggiori aggiunte come la torre c.721 CE, è una delle strutture architettoniche più complesse di ogni sito Maya". [7]

Autore con il Palazzo di Palenque sullo sfondo (foto di un gentile turista)

Qui vidi i classici archi **a campanacci,** che si trovano in molti luoghi Maya. Al centro del palazzo si trova quella che sembra una unica torre vedetta, ma più probabilmente serviva per un altro scopo. Accanto alla torre Victor indicò un rilievo intagliato con le gambe posizionate nella classica posa egizia, e un altro rilievo con qualcuno in posizione di loto. Dietro l'angolo mi mostrò un rilievo molto simile alla testa di un dragone cinese. Illustrandomi la sua teoria di interazione iniziale tra i Maya, l'Asia e l'Egitto, indicò altri numerosi esempi interculturali mentre giravano l'ampia zona. Lungo la piramide correvano tunnel costruiti dai Maya per canalizzare l'acqua sotto la piramide e il palazzo principale. Era stato fatto intenzionalmente, per diffondere energia nella zona, o semplicemente come drenaggio pratico di una sorgente sopra di esso? Allo stesso modo, la Piramide di Kukulkan, presso il sito archeologico di Chichèn Itzà, in cui arriveremo nel Capitolo 6, è costruita su una stretta distesa di una falda acquifera che si apre dal Cenote nord (pozzo naturale o dolina) a un altro cenote, al sud di esso. Lì sembra ci sia un allineamento intenzionale con il flusso naturale dell'acqua, per scopi energetici o spirituali.

Facendo escursioni intorno a questo vasto sito archeologico per un altro paio d'ore, osservai il grande campo e molte altre piramidi. Il campo qui è molto più piccolo di quello di Chichèn Itzà, ma sempre notevole. Ogni volta che cammino attraverso uno di questi, ancora pondero la teoria che i vincitori fossero decapitati dopo il gioco! Per metà pomeriggio aveva finito il turno, e mi augurò di stare bene. Ricambiai e andai sul Tempio della Croce Fogliata a meditare.

Complesso del Tempio della Croce (foto dell'autore)

Avevo così tanto da elaborare, dopo questo suo sorprendente regalo di palesarsi, dandomi queste informazioni misteriose. Gli archeologi avevano ancora da spiegare questo e molti altri interrogatori sui Maya. Un recente laser radar (LiDAR/ light detection and ranging) ha rivelato che l'impero Maya era dalle due alle tre volte la forma di quello che avevano stimato gli archeologi. La loro storia continuerà a essere modificata con le nuove scoperte. (Vedere la storia del National Geografic "Exclusivo: Scansioni laser rivelano la 'Megalopoli' Maya sotto la giungla del Guatemala.")[8].

Tornando in alloggio quella sera, dormii molto meglio, nonostante le spaventose scimmie ululanti che abbaiavano dalle canopi degli alberi vicini. Il calore e l'umidità della foresta mi avevano stancato.

La sinfonia degli uccellini che canticchiavano mi svegliò presto, e tornai nel luogo da solo, con il mio sacchetto di cristalli. Il mio obiettivo era seguire l'energia di questo luogo sacro, e vedere dove mi portava. Lontano dalla folla, meditai per una buona ora dietro alla piramide, per entrare nelle energie. Potevo sentire i papi tenere una cerimonia senza tempo negli spazi sotterranei sotto di me. Dopo essermi connesso con il luogo, vagai in un fascino quasi casuale, danzando con le energie, e li posizionai gentilmente nelle aperture profonde delle piramidi, nella regione del palazzo.

Nonostante ci siano severe norme contro il danneggiamento di ogni sito archeologico, o riguardanti il prendere pietre, non ho visto nulla riguardante il lasciare un piccolo cristallo. Se un cristallo venga mai trovato, spero che lo lascino semplicemente lì. Sfortunatamente molti pensano che vada bene lasciare rifiuti in questi luoghi, il che sembra anche solo irrispettoso a dirsi.

Dopo un'altra meditazione, sentii le energie del luogo aumentare e ebbi il desiderio di metterne alcuni nella corrente che fluiva in esso. Sembrò perfetto, poiché scorrendo su un cristallo controcorrente l'acqua potrebbe diventare strutturata, portando acqua più energizzata ai templi sottostanti. Il famoso ricercatore giapponese Masaru Emoto dimostrò come, fluendo naturalmente in una corrente, o aggiungendovi un cristallo, o anche inviando amore e compassione, l'acqua si può ristrutturare in una geometria più bella. Per quanto possa sembrare folle, è stato in grado di documentarlo in esempi di acqua congelata nei suoi libri, cf. La vita segreta dell'Acqua.

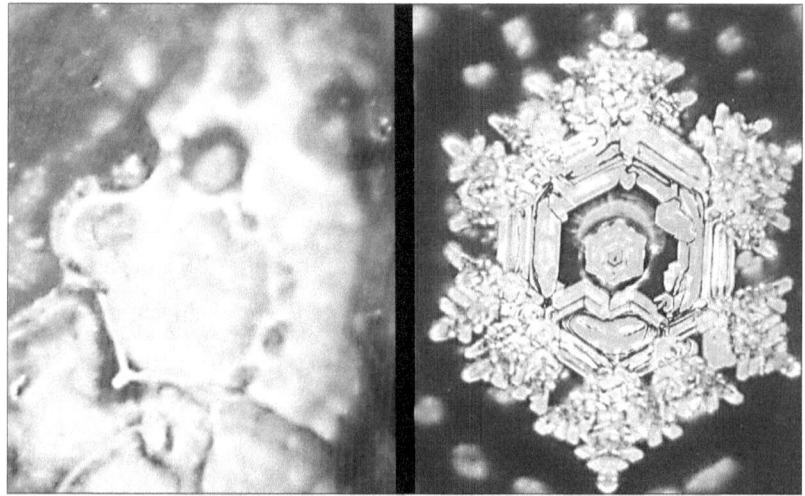

Lato sinistro: acqua inquinata da Fujiwara Dam. Lato destro: impatto geometrico di un monaco buddista che canta "Il Sutra del Cuore" all'acqua inquinata. Foto di Masaru Emoto da *Messaggi dall'Acqua,* come spiegato da Jonathan Goldman.

Camminando sotto le piramidi di Palenque, scoprii delle splendide cascate e misi più cristalli nelle piscine azzurro cristallino, circondate da splendente vegetazione verde.

Guidando per tornare nell'alloggio mi stavo chiedendo cosa stessi facendo e con quale scopo. Ma mi scrollai di dosso le mie preoccupazioni, realizzando che ero tornato nel mondo 3-D, guidando una macchina, schivando buche e navigando questa strada stretta e ventosa, in parte con baldacchini di alberi della foresta.

Cascate di Palenque (foto dell'autore)

Quella notte ,mentre facevo la mia meditazione del cristallo del Terzo Occhio nella mia stanza, inviai più amore e preghiere alle piramidi per riconnetterle alle energie cosmiche. Similmente come in Perù, sentii una profonda, più intima connessione con la terra, le persone, e le energie sacre del luogo. Potevo sentire la connessione Maya con altre culture intorno al mondo, comprese le antiche radici di Atlantide. Oltre a questo, percepii le loro connessioni con quelle al di fuori del nostro sistema solare. Forse la tomba di Pical, interpretata come un albero del mondo o navicella spaziale, in realtà rappresenta portali a dimensioni superiori, o perfino altri mondi. Folle, così come sembravano queste intuizioni e il mio lavoro qui, ma sentii che era giusto. Tornai a casa, ancora una volta sentendo che il mio lavoro era stato portato a termine.

Corvo (foto dell'autore)

Capitolo 4:
Chaco Canyon e il richiamo del Corvo

Passarono alcuni mesi, e mentre i miei giorni in ufficio mi deterioravano mentalmente mi sarei rilassato sul mio lettino sonoro dopo cena per schiarire la mente. Come con la maggior parte delle meditazioni, avrei sentito uno stato di benedizione e flusso di energia; solo quando meditavo per ore più profondamente avrei ricevuto quelli che chiamo "download". Questi downloads tipicamente arrivano la sera, o a volte li visualizzo quando sono profondamente perso in essa. Alcune volte sono arrivati nel sonno; altre volte ho dovuto lavorare sodo per essi in meditazione.

Potevo vedere quanto serve la disciplina mentale e l'isolamento di un monaco buddista per ricevere l'illuminazione, il nirvana, ciò che viene chiamato nel Buddhismo Tibetano "corpo arcobaleno", eccetera, in quanto per me, nella maggior parte dei casi, per ricevere un piccolo download ci voleva molto lavoro. Nonostante ami ricevere o anche sperimentare brevemente questi stati, le mie possibilità sono limitate a meno che non vado a vivere in un monastero o in un'ashram per decenni.

Una sera stavo ammirando il mio splendido flauto di cedro nativo americano, che sembrava sentirsi solo sulla mia libreria. Un flauto di "alto spirito", con turchese incastonato tra i fori per le dita. Lo ho ravvivato con alcuni ciondoli di osso Kokopelli, appesi con fili di pelle. Kokopelli è la divinità nativo americana di Hopi e altre tribù nel sud est, che rappresenta lo spirito della musica e della fertilità.

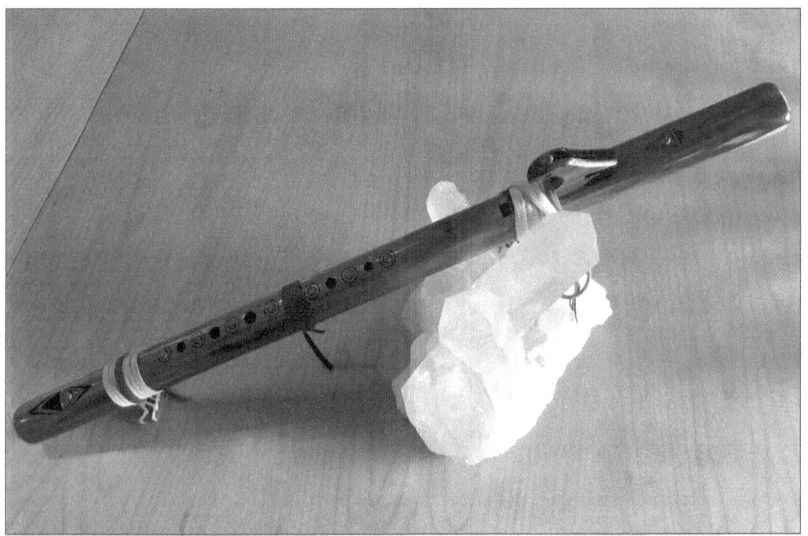

Il flauto dell'autore (foto dell'autore)

Non avendolo suonato per un po', soffiai via la polvere. Onestamente non merito molto di possedere questo splendido flauto, visto che in dieci anni non ho ancora imparato a usare bene questo strumento a sei fori. Iniziai a suonare, e anche solo con qualche nota base mi sentii convinto di continuare. Non so suonare come Carlos Nakai, un noto flautista professionale Navajo/Ute con vari splendidi album, ma potevo sentire il suo amore per questo strumento e la discendenza proveniente da esso. Naturale, puro e semplice. Suonare uno strumento così Zen da solo, o tra le mura di un canyon nel deserto del sudest, è paradiso in terra. Suonando il mio flauto nativo americano tra le mura del canyon in Sedona e altre zone del Sudest, sentii i suoni pieni di respiro vitale nelle camere arenarie, risvegliando spiriti antichi. Le mura del canyon sembrano rispondere in una maniera inquietante, con eco e espandendo il tono, incantando i presenti, fisici e non fisici.

Quella settimana lo suonai di nuovo nella mia stanza di famiglia, e nel weekend mi sentii chiamato a tornare a Chaco Canyon. L'autunno era dietro l'angolo, il tempo era perfetto. Bloccai un weekend lungo, preparai la mia attrezzatura da campeggio e mi incamminai per il viaggio in macchina di otto ore. Avevo selezionato un altro gruppo di cristalli di Lemuria, in caso mi sentissi chiamato a posizionarli di nuovo. Li purificai, li benedissi, li misi anche su una apachita nel mio cortile il giorno precedente per energizzarli prima del viaggio in solitaria.

Arrivando un giovedì intorno alle tre fui in grado di trovare un bel campeggio, dove alcuni grossi massi proteggevano dal vento e facevano anche ombra. Avevo persino un tavolo da picnic, un braciere, e un po' di legna lasciata dal campeggiatore precedente. *Wow, che campeggio di lusso!* Montai velocemente la tenda e scesi per un'escursione serale prima del tramonto. Avendo a disposizione solo un paio d'ore, decisi di salire sull'Alto Trail, ma dovevo fare il giro lungo a passo spedito, così da non dover prendere la multa notturna per il parco.

Superai l'enorme complesso di Pueblo Bonito e parcheggiai la mia vecchia Subaru; con lo zaino sulle spalle mi incamminai su un sentiero stretto in cima all'altopiano. Una volta in cima potevo vedere la maggior parte delle rovine di Chaco, nella valle sottostante. La vista quasi aerea dall'altopiano dà la prospettiva del gran numero di Kiva trovati in questo antico luogo dei Pueblo (gli Anasazi).

I Kivas sono camere circolari sotterranee, che venivano utilizzate per rituali religiosi, politici e anche come spazi familiari degli antenati dei Pueblo.

Kivas a Chaco (foto dell'autore)

Camminando da solo su questo sentiero dell'altopiano, potevo sentire la presenza degli antichi Chacoani camminare con me, forse per guidarmi nei posti dove dovevo lasciare i cristalli. Questo particolare campo di energia che mi supportava sembrava venire da un antico campo multidimensionale.

Ammirai la portata di questo luogo, i Kiva sottostanti ancora una volta, e mi allontanai dal bordo dell'altopiano verso nord, per un giro di cinque chilometri.

L'imponente complesso di Pueblo Bonito con i suoi quaranta Kivas dalla cima dell'altopiano (foto dell'autore)

Arrivato in un Kiva mezzo sepolto dalle intemperie, vicino Pueblo Alta, bruciai della salvia per purificare la zona, sparsi del tabacco, e posizionai un cristallo in una delle quattro direzioni accanto alle mura interne del kiva. Usando la mia fidata bussola li orientai perfettamente.

Cristalli di Lemuria per Chaco (foto dell'autore)

Poi convogliai l'energia in una spirale su e giù con il sonaglio, e suonai una breve melodia con il flauto per ulteriormente riattivare questo luogo sacro. Mi presi il mio tempo, scegliendo il mio passo, correndo qua e là sull'altopiano di arenile. Arrampicandomi su due rocce di arenaria alla fine riemersi su una pianura. I corvi volavano in circolo sopra di me, mentre il sole creava un bagliore arancione sull'altopiano di arenaria, evidenziandone i contorni e le fessure con ombre crescenti. Quella sera d'autunno il vento era leggero, e la temperatura frizzante. Stava arrivando il tramonto e ero a circa un chilometro dal parcheggio.

Camminavo a una buona andatura, quando un grosso corvo improvvisamente atterrò davanti a me sul sentiero e gracchiò forte verso di me. Mi fermai per un attimo e poi continuai a camminare, pensando che sarebbe semplicemente volato via. Invece volò per buoni venti metri lungo il sentiero, si girò e di nuovo gracchiò verso di me. Ripetè questa manovra tre volte, momento in cui mi fermai e lo fissai. Telepaticamente cercavo di dirgli "Amico, vado di fretta e prenderò una multa dal Ranger Rick se non mi fai passare." Continuò con un *craw, craw, craw* senza sosta, e gli dissi, "Ok, che c'è?" Scese sulla sinistra del sentiero per altri venti metri, e sembrò invitarmi a seguirlo. Così, lo feci.

Mi portò velocemente al bordo dell'altopiano, dove con sorpresa la vasta formazione a D di Pueblo Bonito era solo una trentina di metri sotto di noi.

Pueblo Bonito con la sua formazione a D, vista dall'altopiano (foto dell'autore).

Sollevato nel non vedere un ranger accanto alla mia macchina, potevo vedere sotto verso ovest. Feci alcuni respiri profondi, e, una volta connesso con la situazione, mi rilassai di più con il corvo sul bordo. Sedeva lì pazientemente, guardandosi semplicemente intorno e gracchiando. Quasi gracchiai per rispondergli. Guardando verso il basso di nuovo capii che eravamo perfettamente allineati con il centro di Pueblo Bonito. Se qualcuno avesse dovuto mandare una freccia gigante sulla stringa della linea retta della forma a D, la scocca della corda della freccia si sarebbe allineata con la nostra posizione. Wow, pensai. Forse questo corvo intelligente mi ha portato qui per posizionare un cristallo. Probabilmente mi ha osservato tutto il tempo. Cercando un posto per incuneare un cristallo stabilmente, notai che tutto era arenaria solida, eccetto per un piccolo orlo che curvava proprio sotto al bordo della scogliera. Piuttosto pericoloso, ma forse potevo infilarne uno sotto questa naturale dentatura. Raggiunsi la mia borsetta e tirai fuori un bellissimo seme di cristallo lemuriano di dieci centimetri. Il crepuscolo gli dava un bellissimo bagliore dorato.

Perfetto, pensai. Con il polpastrello, scavai fuori un po' di sabbia da sotto l'orlo, decidendo di allargarlo un po' per incastrare questo bimbo in profondità per l'eternità. Sentii qualcosa di solido mentre lo facevo, e fui in grado di rimuoverlo con un po' di destrezza. Deve essere un piccolo pezzo di arenaria, pensai. Tirandolo fuori, fui sorpreso nel vedere un cristallo di quarzo, di forma e grandezza simili a quello che stavo per posizionare. Lo pulii, sbalordito di ciò che stavo vedendo. Come è arrivato qui questo cristallo? Non ci sono cristalli da nessuna parte sull'altopiano, solo arenaria e calcare.

Mentre guardavo il mio cristallo e l'altro appena scoperto, sentii un senso di assenza di tempo, una calma, e una ricognizione che questo non fosse accaduto per caso. Il corvo mi aveva portato lì per una ragione. Il segnale di rassicurazione che arrivò fu questo: *Fred, non sei pazzo a posizionare cristalli intorno al mondo; sei guidato dallo spirito per fare questo lavoro profondo per Gaia.* Feci del mio meglio per comprendere tutto dal mio conscio mondo 3D e oltre, contemplai l'improbabile possibilità che qualcuno potesse trovare un cristallo pressoché identico in questo posto. Mi resi conto dell'enorme improbabilità, accettai il segnale con gratitudine per il corvo e per qualunque misteriosa forza che mi circondasse sull'altopiano.

Guardai le splendenti piume nere del corvo, e poi nei suoi occhi. Era stato con me in questo momento senza tempo. Ringraziandolo di cuore, scoppiai a piangere, seduto lì, cercando di capire cosa fare. Pochi secondi dopo la risposta fu chiara. Accoppiali e mettili in questo luogo sacro. Magari ritornerai a metterne un terzo in un'altra vita. Lo feci e li imballai fissi con l'arenaria circostante, e benedissi l'evento, il corvo, e il luogo. Oramai il sole era tramontato, il corvo era volato via, e stavo tornando alla macchina nel crepuscolo. A quel punto non mi importava essere multato. Arrivato quasi durante il buio, non trovai nessuna multa, e nessun ranger lì a rimproverarmi per essere rimasto fino a tardi. Saltai su e guidai per circa cento metri fino al ponte, che attraversava una vegetazione desertica. Guardai a est, e fissai meravigliato un enorme albero di cotone sulla riva. Con mio stupore vidi, stagliati nel cielo grigio crepuscolare, almeno un centinaio di corvi posati sui rami estesi. Mi sentii obbligato a onorarli, poiché uno di loro mi aveva mostrato il posto sacro in cui lasciare un cristallo.

Parcheggiai sul ponte, spensi il motore e camminai sulla ringhiera fissandoli. Sentii lo spirito degli antichi Chacoan tra loro, mentre mi fissavano a loro volta silenziosamente, con curiosità. Feci un respiro profondo, assorbii tutto, e inviai a loro, e forse al mio corvo dell'altopiano, un altro messaggio di profonda gratitudine. Qualche secondo dopo tutti quanti gracchiarono verso di me in coro. Mi scesero lacrime dalle guance mentre apparentemente avevano riconosciuto il mio messaggio, e risposto energicamente e vocalmente.

Mentre andavo via mi sentii disconnesso dal mondo moderno, ma con un senso di connessione con questo canyon enigmatico e polveroso. Tornato al mio campeggio accesi il fornelletto per scaldare un po' di saporito chili di verdure. Presto la galassia della Via Lattea, l'Orsa Maggiore, il Grande Carro, e altre costellazioni iniziarono a brillarono dall'alto riempiendomi di un ampio senso di familiarità, parte dell'universo. Scricchiolai un po' di giornale vecchio e feci un piccolo tepee di legno, accesi un piccolo fuoco guardando la brace danzare verso il cielo. Chissà che altro succederà nei prossimi due giorni qui!

Bruciai la mia piccola pila di pino, scivolai nella tenda e iniziai a meditare, sdraiato, con il cristallo di Lemuria sulla fronte. Dopo venti minuti ebbi una visione di una ragazza nativo americana, probabilmente nei primi anni dell'adolescenza, posizionare il cristallo di quarzo che avevo appena trovato. Non ho potuto stabilire quando, ma sono sicuro fosse centinaia di anni fa, quando i Chacoani abitarono la zona. Mi sembrò familiare, ma non fui in grado di capire il nome o se fosse collegata a me in qualche maniera. Ringraziai l'universo per l'immagine e continuai la meditazione, semplicemente chiedendo di diventare più connesso a Chaco, le antiche energie e la saggezza del luogo.

Altri dieci minuti circa Passarono, quando fui improvvisamente colto da un sobbalzo per un'ondata di energia sul Terzo Occhio proveniente dal cristallo, che viaggiò poi giù nella spina dorsale fino ai piedi. Le gambe mi tremarono, come accade spesso, e fu come un orgasmo, ma scorreva dalla testa alla radice invece che dalla radice alla testa. Tra ogni ondata di energia respirai profondamente, e fui poi travolto ancora e ancora. *Oh mio Dio! Che sta succedendo?* Avevo avuto ondate e flussi come questo talvolta, ma questo era dieci volte tanto. Cavalcai le ondate di energia per almeno un'ora, poi finalmente scivolai in uno stato onirico, finché non mi svegliai con la luce del mattino.

Dopo una colazione con fiocchi d'avena caricai lo zaino con acqua, snack, e il mio flauto per camminare e meditare intorno a altri complessi. Parcheggiai all'inizio del sentiero e camminai giù lungo il canyon, verso il sito di Case Chiquita. Di nuovo, camminando lungo questo sentiero leggermente sabbioso, la camminata iniziò a sembrare surreale guardando petroglifi (incisioni su roccia) e corvi che di tanto in tanto volavano sulla mia testa, o si appollaiavano sul bordo del canyon.

Arrivato a Casa Chiquita, il luogo di una casa non-ancora-formalmente-scavata di circa trentaquattro stanze al piano terra, trovai un posticino all'ombra per rilassarmi e meditare appoggiato a uno dei muri antichi. L'arenaria delle mura dei luoghi di Chaco ha un unico motivo, di roccia sottile stratificata e fango che le tiene insieme. Questa caratteristica opera muraria ha aiutato a sorreggere le mura dalla loro costruzione, 900-1150 d.C.

Porte d'entrata di Pueblo Bonito, Chaco Canyon (foto dell'autore)

Il legno per i raggi sulle porte di entrata, finestre e kivas fu trasportato dalle montagne per più di cento chilometri. Gli archeologi estrassero dei piccoli tappi di legno per datare i luoghi e le tipologie di alberi usati. E' stato stimato che fossero stati tagliati 225,000 alberi per costruire le strutture di Chaco Canyon.[9]

Fajada Butte presso Chaco (foto dell'autore)

Mi rinfrescai all'ombra e mi reidratai in questo caldo pomeriggio, seduto con le gambe incrociate (posa facile), un cristallo in ogni mano, per risuonare con il luogo. La sabbia soffice sotto le mie natiche mi radicava perfettamente, e il muro di roccia fredda sulla schiena era meraviglioso mentre dolcemente scivolavo in questo posto vecchio migliaia di anni. Questa volta meditando iniziai a sentire l'energia venire dal mio osso sacro, o chakra della radice. Fu un flusso leggero di energia, senza alcuno shock. La sensazione era di rilassamento e nutrimento. Meditando sull'altopiano, e più giù, vicino alla vegetazione, ricevetti una sensazione diversa delle energie di Chaco. Mi avventurai più a ovest sul sentiero per vedere il pittogramma rosso che documentava probabilmente la supernova osservata da loro, nel 1054.[10]

Chaco mi ha sempre affascinato per i suoi allineamenti archeo-astronomici, specialmente a Fajada Butte, dove i solstizi d'estate e d'inverno venivano monitorati dalla proiezione delle ombre di due grandi rocce, di fronte a un petroglifo a spirale.

Scoprendo questi allineamenti nel 1977 Anna Sofaer fu in grado di fotografarli prima che le rocce scivolassero fuori dalla posizione, nei tardi anni 80. Questa zona è stata chiusa da allora, e ho potuto apprezzare Fajada Butte solo a distanza.

Il Pugnale di Luce di Francine Hart

La grande kiva Casa Rinconada ha anche notevoli allineamenti con le direzioni cardinali, e una nicchia illuminata dal sole durante il solstizio d'estate:

> Casa Rinconada ha un diametro interiore medio di 19.2 metri. Contiene tutte le caratteristiche generalmente ai grandi kivas, compreso un focolare, una panchina interna, quattro posti a sedere circolari che servivano come supporti per il tetto, due volte in muratura/tamburi per i piedi e 34 nicchie circondanti la grande kiva. Inoltre la kiva include un sottopassaggio lungo 12 metri, profondo e largo circa un metro, con ingresso nella stanza dall'anticamera a nord. Il sottopassaggio avrebbe consentito ai Chacoani, forse specializzati in rituali, di entrare nella grande kiva senza essere visti e poi improvvisamente emergere.[11]

Kiva Casa Rinconada (foto dell'autore)

Dopo questa lunga giornata di camminata, mi diressi verso il campeggio per preparare la cena. Accesi il mio fornello da campeggio, riscaldai un po' di zuppa e mi rilassai sulla sedia da campeggio. La temperatura iniziò a scendere velocemente dopo il tramonto, così radunai la legna rimasta per fare un altro fuoco nel braciere. Un paio di ragazzi che passavano di lì mi chiesero se potevano condividere il fuoco con me. Venivano dai pressi di Albuquerque. "Certo, prendete le sedie e venite." Parlammo per un'ora buona; ricordo di avergli raccontato una storia terribile di mio figlio che veniva morso da una vipera in Nepal e sopravvisse, inoltre facemmo una breve discussione sul mio lavoro di medico di famiglia. Dopo un paio di drink tornarono al loro campeggio, e io scivolai nel sacco a pelo addormentandomi velocemente dopo una lunga giornata di esplorazioni.

Il mattino seguente feci una breve visita nei dintorni del grande kiva per posizionare cristalli nelle quattro direzioni, usando la bussola. Ero da solo, così suonai il flauto, ma mi fermai quando vidi i ragazzi del campeggio risalire la collina. Dopo una breve visita li salutai, e tornai al campeggio per preparare l'attrezzatura e iniziare il viaggio verso casa. Guidando lungo la strada sporca e piena di vegetazione sui bordi sorpassai un Hogan (tradizionale abitante Navajo), e riflettei sul mio viaggio mistico. *Wow, come elaborerò questo lungo weekend, e che significa tutto questo mentre vado avanti nel viaggio della mia vita?*

Arrivato a casa a Denver spiegai alla famiglia cosa mi era successo, ma sentii che era un viaggio difficile da spiegare.

Tornato in ufficio il lunedì mi catapultai in modalità recupero. Martedì ricevetti una telefonata da Steven, uno psicologo residente a Albuquerque, New Mexico: un amico di un praticante di medicina energetica, che lavorava nel mio ufficio, mi aveva messo in contatto con lui via telefono qualche mese prima, poiché condividevamo gli stessi interessi nello sciamanesimo. Voleva inviarmi una copia del suo libro sui sogni sciamanici, così immaginai che mi chiamasse semplicemente per questo motivo.

La voce, molto emozionata, disse "Fred non ci crederai. Ho pranzato con un paio di colleghi oggi. Hanno iniziato a parlare di alcune avventure a Chaco Canyon lo scorso weekend, e hanno parlato di una chiacchierata accanto al fuoco con un medico di Denver. Gli ho detto, 'Conosco solo un medico a Denver e il suo nome è Fred Grover.' Hanno risposto, Oh mio Dio, è lui. Ecco il suo biglietto da visita. Ho sorriso, non potevo crederci. Ho preso dalla borsa una grande busta imbottita con il tuo nome e il tuo indirizzo, con allegato il mio libro. Gli ho detto, *volevo spedirlo a Fred da così tanto tempo, e che strano, proprio oggi che ho deciso di metterlo nella cassetta della posta, dopo pranzo! Ovviamente eccomi, pranzando con voi dopo che lo avete incontrato per caso. Questa sì che è una sincronicità, ragazzo!*

Disse che i ragazzi rimasero a bocca aperta quando tirò fuori il pacco. Ascoltando anche la mia bocca rimase aperta! *Wow, Steven, se questa non è una sincronicità e l'Universo che sta parlando, non so cosa sia.* Ridemmo entrambi, promettendo di incontrarci presto dopo questa inspiegabile occorrenza. Non ebbi tempo di condividere la storia corvo-e-cristallo al telefono quel giorno, ma lo feci in seguito, quando ci incontrammo per la prima volta. Tutto ciò di cui avevo bisogno quel giorno per farmi impazzire fu vedere un corvo atterrare sul davanzale con un cristallo nel becco.

Chaco rimane molto speciale per me. Continuerò a visitare questo posto incantato quando posso, aspettando la mia prossima enigmatica sorpresa...

Capitolo 5:
Il Risveglio dell'energia del Divino Femminile nel Lago Titicaca

Erano passati cinque anni dalla mia visita in Perù, nel 2011. Avevo continuato il lavoro di meditazione, e mi ero trovato a viaggiare profondamente in stati di sogno sciamanico, specialmente se combinati con terapia del suono e geometria sacra. La modifica del mio spazio meditativo nel 2015 mi aiutò a raggiungere stati profondi più velocemente, e sperimentai persino periodici viaggi spirituali fuori dal corpo. Combinando il lettino sonoro con la geometria sacra tridimensionale a forma di stella (di Metaforms), sospesa con una corda sopra al Terzo Occhio, si amplificò ulteriormente il flusso di energia. Sentii aprirmi in un corpo di luce luminosa, con un'energia di luce scorrere liberamente come un fiume nel mio Terzo Occhio, per scendere dritta al mio chakra della radice e ai piedi. Era simile a ciò che un singolo cristallo di quarzo poteva fare, ma amplificata tre volte, con la forma che toccava solamente la zona del Terzo Occhio sulla mia fronte.

Sperimentando trovai che aggiungere quattro cristalli alla forma, cablati con il rame, aumentava ulteriormente la sua abilità di canalizzare l'energia e le connessioni al cosmo.

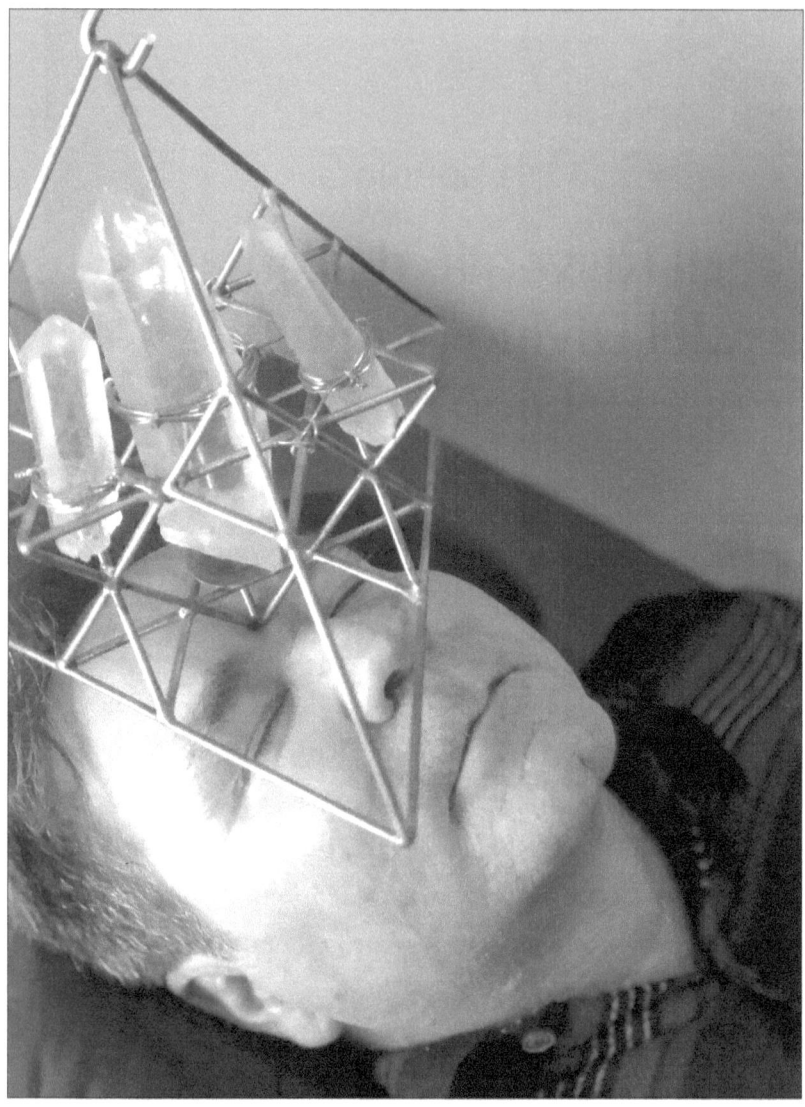

Autore con stella 3D e cristalli di Lemuria (foto di Keaton Grover); stella 3d creata da George Hoag; vedere iconnect2all.com per questa forma geometrica, la griglia dell'Unione, e altre.

Mettevo musica a base di frequenze binaurali, o mantra per aumentare il bilanciamento del mio corpo energetico e l'apertura dei chakra. In seguito acquistai l'elaborato Portale Di Connessione

Pleidiana, lo posizionai davanti alla finestra, accanto al lettino sonoro. Fu concepito da Christine Day, e poi costruito da Gregory Hoag, geometra delle sacre Metaforms, di Lyons, Colorado. Come da loro descrizione, "Questo potente sistema di antenne di geometrie sacre comprende la struttura delle Pleiadi; il Cubo girevole di Metatron; l'anello toroidale con bobina a caduceo, e un mix alchemico di vari cristalli caricati.[12]

Portale Pleidiano nella stanza di meditazione dell'autore, disegnata da Christine Day e costruita da Greg Hoag: cfr. iconnect2all.com per questa e altre Metaforme.

Trovare questa alchimia tra geometria, suono, e cristalli per ottimizzare il campo meditativo richiese tempo. Mi fece contemplare le geometrie delle piramidi, Stonhenge, Angkor Wat, e molti altri luoghi antichi che si connettevano al campo energetico su una scala più ampia e complicata. Anche se il mio spazio è lontano dall'avere gli allineamenti geometrici e risuonanti delle Grandi Piramidi della Camera dei Re di Giza, contiene delle geometrie allineate con esse, così come la capienza di risonanza del fa diesis che si trova nella camera. Chiunque può creare un potente spazio meditativo, ma credo che sia meglio incorporare ciò che risuona meglio con le energie del proprio corpo.

Una sera, mentre facevo una meditazione più lunga di tre ore connettendo questi diversi strumenti, riuscii a vedermi volare a sud sopra l'America Centrale, e infine mi trovai a sorvolare ciò che mi sembrò essere il Lago Titicaca. La metà est si trova in Bolivia, cin cui scorre acqua delle Ande, e la metà ovest si trova in Perù. Osservando il lago sacro, sentii che era scarico di energia. Non riuscivo a percepire se fosse per l'inquinamento o per mancanza di attenzione di bisogni energetici, che un tempo erano benedetti dagli Inca, dai templi pre-Inca di Tiwanaku e Puma Punk a sud. C'era un bagliore di luce nel suo punto più profondo, ma sentii che in passato era molto più raggiante. Secondo la leggenda dei Pre-Inca e degli Inca, Viracocha, il dio creatore, emerse dalle acque del Titicaca per creare il genere umano e tutto il resto del mondo. E' descritto come la culla della civilizzazione Inca.

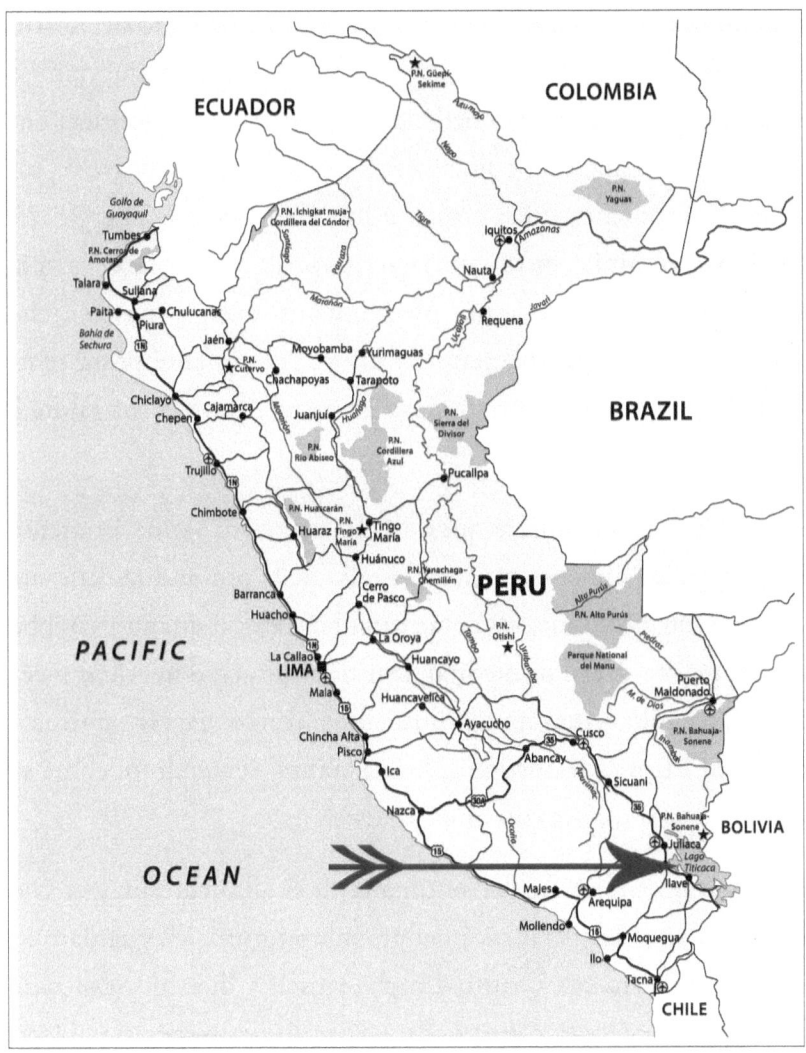

Localizzazione del lago Titicaca in Sud America (iStock).

Non appena osservai il lago nel mio stato di profonda meditazione, intuii che aveva bisogno di una sorta di ricarica energetica, che lo aiutasse a recuperare la sua forza vitale, o prana. Molti sciamani vedono questo lago, profondo e dalle ampie altezze, circondato da montagne, come la rappresentazione del Divino Femminile, o grembo di Madre Terra, con il Monte Everest che rappresenta il

Divino Maschile. Sembra che il continuo sfruttamento del nostro pianeta per combustibili fossili, la distruzione dell'habitat tramite incendi e l'inquinamento delle acque impattino le proprietà energetiche di Gaia, così come avrebbero un impatto negativo sul nostro campo energetico e sulla salute. Nutrendo le energie del Divino Femminile in questo lago sacro, fu, e ancora è, la mia speranza neutralizzare le più predominanti energie maschili che minacciano il nostro pianeta. Di nuovo, nonostante possa sembrare inverosimile, la Terra è nostra nave madre, e la sua salute è oltre la superficie.

Pensando a come aiutare questo lago sacro, mi venne in mente di posizionare almeno un gran cristallo nelle profondità delle sue acque. Non avevo idea di come sarebbe stato, o quando sarebbe accaduto, ma decisi di meditarci su ulteriormente nei mesi a venire. Una volta avuta questa intuizione, il mio viaggio spirituale finì e mi ritrovai di nuovo nella mia stanza, sentendomi come se avessi lasciato uno spazio multidimensionale.

Successivamente in quella settimana dissi alla mia famiglia che sarei andato al Lago Titicaca nel prossimo futuro. Mi guardarono come se fossi pazzo, e tutto ciò che riuscii a dire fu, *Sono stato chiamato a andare lì, e devo andare.* Questo posto speciale, il lago d'acqua dolce più grande del Sud America, si trova a un'altezza di 3,600 metri.

Molte meditazioni più tardi ebbi un'altra intuizione: per avere efficacia, avrei dovuto amplificare la potenza del cristallo di Lemuria da posizionare nel lago. La forma geometrica sacra della Griglia Unitaria di Gregory Hoag, con cui avevo meditato, arrivò intuitivamente come la forma perfetta da alchemizzare con il cristallo, che vi andava posizionato all'interno. Secondo lui, questa forma sferica contiene sessanta triangoli interconnessi, ognuno con gli stessi angoli delle facce triangolari della Grande Piramide di Giza. E' l'alto ordine dei due solidi platonici, il dodecaedro e l'icosaedro, intessute insieme formando una croce in proporzione con il rapporto phi. La forma risuona con il DNA, amplificando amore, passione, gratitudine e la nostra connessione con l'uno. Circondare il grosso cristallo con questo campo geometrico avrebbe permesso all'acqua di connettersi con esso in maniera radiale, creando una sfera dinamica di energia nel profondo centro del lago.

La mia visione iniziale del lago nel sogno sciamanico mostrava una debole emissione di luce bianca, quasi come un flash che provava a splendere in avanti sulla superficie. Ebbi una visione di lei riottenere un pieno spettro, altamente energizzato, uno spettro con una luce arcobaleno e l'intensità di un faro, presente nel lontano passato. In qualche modo analogo a un monaco tibetano che raggiunge il Corpo Arcobaleno, questo lago sacro necessitava di un'energia di luce arcobaleno, che riempisse le profondità delle sponde, le correnti che lo nutrivano, le montagne, e oltre. Creare questo campo avrebbe potuto aiutare a purificare le acque, e proteggere le speci di rane in via di estinzione e altre creature endemiche di questo lago simil-embrionico. Soprattutto, lo visualizzai emettere l'energia del divino femminile all'intero pianeta, neutralizzando le predominanti energie oscure di avidità e potere, provenienti dalle energie maschili sbilanciate.

Cercai ulteriori input sul mio viaggio in Perù, mi sedetti a cena con la mia amica Jonette Crowley, autrice di *"The Eagle and the Condor"* e nota medium, per avere in tempo le sue idee e farle qualche altra domanda. Dopo averle descritto ciò che avevo ricevuto e pianificato fino a quel momento, sentii che sarebbe dovuto essere durante la luna di sangue in arrivo. E' chiamata luna di sangue per le sfumature rosse, che si verificano dalla rifrazione della luce solare intorno all'atmosfera terrestre durante l'eclisse totale di luna. L'altro elemento che riteneva necessario era una pietra blu o turchese, che circondasse il cristallo di Lemuria. Mi connettei con quella sensazione ulteriormente, chiedendole se la nostra pietra locale di amazzonite proveniente dalle vicinanze del Colorado, Teller county, sarebbe stata adatta. "Yes!" disse. *Eccellente,* dissi. *Amo il suo colore blu caraibico e sento che aiuterà a connettere la sfera di più con le acque.* La fiera rock-and-gem era appena passata, avevo perso l'opportunità. Chiamai alcuni negozi e fui sorpreso negativamente nel sentire che nessuno aveva l'amazzonite. Come sforzo finale, decisi di andare personalmente nel negozio di SpiritWays, non lontano da casa mia. Mi guardai intorno e vidi una vasta selezione di gemme, ma niente amazzonite. Piuttosto che andare via, chiesi al proprietario se ne aveva qualcuna nel retro magazzino, "E' assurdo che tu me lo chieda. Una ragazza è venuto stamattina con una scatola di amazzonite, vedendo se le volevo acquistare. Ho declinato, pensando che non sarei stato in grado di venderli. Mi ha detto che ha raccolto lei i pezzi, anni fa, e ha sentito l'urgenza di lasciarli a qualcun altro. Quasi come se avesse ricevuto un messaggio di lasciarle andare. Per fortuna mi ha lasciato il suo numero, la chiamerò domani per vedere se ancora ce li ha.

"Per cosa ti servono?" Mi chiese.

Be, non le metterò su una libreria, farò qualcosa di un po' diverso. Il mio intento è di metterle insieme a un grande cristallo in una sfera di bronzo di geometria sacra, nelle profondità nelle acque del Lago Titicaca, in Sud America, per aiutare a rigenerare le energie femminili del luogo.

Mi fissò come se venissi da un altro pianeta, e le lacrime iniziarono a scenderle sulle guance. "Oh mio Dio, sembra magia. Ti chiamo in mattinata per farti sapere." La mattina seguente, mi chiamo per dire che me le avrebbe portate. Al negozio trovai i pezzi più perfetti da mettere nella sfera con il cristallo. Dissi tra me e me: *Wow, ecco la sincronicità fluire di nuovo, e questi splendidi pezzi sono stati raccolti a mano da una ragazza e lasciati andare all'universo dalla sua intuizione, è incredibile.*

L'artigiano di Greg costruì una Griglia Unitaria di bronzo della grandezza di una palla da basket in cui mettere il cristallo e l'amazzonite. Li rinforzai con un filo di rame alla base, aggiungendo altri elementi, tra cui un piccolo Buddha di bronzo, un Dorje (piccolo oggetto buddista che rappresenta il maschile), una croce e un quetzal (uccello, rappresenta il serpente piumato d'arcobaleno, Quetzalcoatl). *Wow, si sta davvero materializzando! In qualche modo devo creare un cerimoniale.*

Chiamai Greg e gli chiesi idee. Disse, "Fred, di fatto, ho un amico sciamano, Daniel Gutierrez, che viene dalla California il prossimo weekend. Forse dovremmo fare una cerimonia nella nostra proprietà, se pensa sia il caso." Daniel Gutierrez è l'autore del best seller *Radical Mindfulness*.

Sembra eccellente, Greg! Facciamolo. Lo chiamai, per il weekend avevamo quasi dodici persone a presenziare. Formammo un cerchio vicino a un albero sacro sul promontorio, proprio sopra la casa, inviammo tutti l'intenzione di caricare la sfera per creare una potente attivazione, una volta messa nel lago. Ci tenemmo per mano in cerchio, invocammo le quattro direzioni e ognuno di noi inviò una preghiera e intenzione di aiutare l'attivazione della Griglia di Unità anche di più. Seguitammo suonando i tamburi all'unisono per un po', creando una spirale di energia e inviandola nel cosmo. Ci indirizzammo nella casa di Greg sottostante, ringraziammo lui e Gail per ospitare la cerimonia, e ognuno si presentò per amplificare la sfera e lasciare spazio.

Greg Hoag, l'autore, e Jonette Crowley con la Griglia Unitaria subito dopo la cerimonia. Attivata sciamanicamente dal gruppo sul terreno di Greg, vicino Lyons, Colorado, e condotta da Daniel Gutierrez.

Logisticamente parlando, avevo prenotato i miei voli e localizzato i posti in cui stare una volta arrivato in Perù. Ero preoccupato del fatto che, se avessi affittato una barca, non sarei stato in grado di comunicare con uno del posto circa questa strana missione, che mi portava fuori al largo per lasciare la sfera, durante la luna piena di sangue. Decisi di scrivere un'email a Allyson, che gestisce un centro di incontri sciamanici vicino Pisac, avendo fatto una cerimonia ayahuasca con il suo sciamano qualche anno prima. Rispose alla mia email dicendo "chiamami". In una chiamata via internet più tardi, quella settimana, disse, "Fred, non ci credo che mi stai dicendo che avresti messo un cristallo nel Lago Titicaca. Circa dieci anni fa, misi un cristallo tra l'Isola del Sole e della Luna, e quella notte facemmo una cerimonia sull'Isola del Sole con mio marito, sciamano Shipibo. Mentre ero immersa nel viaggio mi fu detto che in futuro qualcuno mi avrebbe contattato per mettere un altro cristallo nel lago. Sono sicura che sia tu!"

Feci dei respiri profondi, elaborai ciò che aveva appena detto, e pensai: *"Wow, ok, ecco l'universo che risponde di nuovo!"* Allyson, qualche possibilità che ci possiamo incontrare a fine settembre per la luna piena di sangue per fare questo posizionamento, darmi una mano a tradurre, e fare la cerimonia?" Aveva dei clienti in quel periodo, ma disse, "Fammi vedere se qualcuno può coprire il centro. E' troppo importante per perdermelo, e sono felice di aiutarti con la logistica. Incontriamoci a Copacabana, in Bolivia, poi prendi un traghetto per l'Isola del Sole." Qualche email dopo, e avevo organizzato il volo per lei, suo marito, Loyver, e Ron, il loro assistente. Mi avrebbe portato dell'ayahuasca per una cerimonia sacra dopo il posizionamento.

L'orario della partenza arrivò velocemente; iniziai a organizzarmi. Guardando la sfera mi accorsi che era troppo grande, e un oggetto piuttosto strano per la sicurezza aeroportuale. Decisi di avvolgerlo in alcune magliette, poi impacchettarlo in una scatola di plastica e controllarla nel mio borsone grande. Ero preoccupato che si rompesse, o fosse presa dalla sicurezza, ma inviai le più profonde preghiere perché arrivasse in sicurezza. Con tutti i cristalli extra, il purificatore d'acqua, eccetera, la mia borsa pesava proprio sotto i 20 chili.

Arrivato a Lima, in tarda notte, rimasi all'hotel dell'aeroporto per prendere velocemente il volo la mattina successiva verso la città di Juliaca, situata vicino a Puno e alle sponde del lago.

Arrivai presto per il check-in, trovai la fila follemente lunga. Aspettai buoni quarantacinque minuti in fila, fui abbastanza fortunato da avere un rappresentante angelico dalla linea aerea LATAM che mi chiedesse a che ora partisse il mio volo. Guardandolo mi portò velocemente davanti per il check-in, il che significò non perdere il volo. Imbarcandomi all'ultimo momento, feci dei respiri profondi e inviai gratitudine all'universo.

Atterrammo nella ventosa e polverosa città di Juliaca, camminai accanto alla pista verso il solitario nastro bagagli. Guardando i bagagli circolare intorno al goffo nastro, vidi la gente locale e qualche turista afferrare i bagagli. Il nastro era vuoto, eccetto per un paio di scatole, e non vidi mai la mia borsa uscire fuori. Grosso sospiro. Immagino si sia persa o non ce l'abbia fatta a salire sul volo. Non bene. Nonostante avessi impacchettato qualche bel cristallo di emergenza nel mio zaino a mano, non potevo immaginare non essere in grado di posizionare la sfera. Inviai alcune preghiere mentre guardavo il nastro girare, e improvvisamente sentii alcuni bagagli venire lanciati fuori sulla cintura dall'esterno. Con mia sorpresa emersero dagli sbatacchiamenti al nastro bagagli. *Oh mio Dio, Dio esiste!* Potevo vedere la scatola ancora nel borsone, apparentemente intatta. Posizionai il pesante borsone sul pavimento accanto a me, inviando gratitudine per essere arrivata in salvo. Dopo quell'evento traumatico, il mio battito ormai si era normalizzato, e mentre mi preparavo per salire sul bus locale, una ragazza mi bussò sulla spalla. *Dove sei diretto?* Disse.

"Beh, so cercando di arrivare a Copacabana, Bolivia, poi ho intenzione di arrivare all'Isola del Sole. Tu? " *E' strano, sto andando lì anch'io.* "Fantastico," dissi. "Avevo intenzione di prendere il bus locale, ma se possiamo affittare un taxi, magari possiamo farcela in quattr'ore invece che otto e possiamo dividere il costo. Il tuo nome?" *Shelley.* "OK, Shelley, sei con me per questo viaggio on the road?" *Sì!*

Chiesi in giro, e ci volle un po' per negoziare un buon prezzo con un autista che volesse fare il viaggio di cento cinquanta chilometri al confine con la Bolivia. Trovammo un ragazzo simpatico che parlava un po' di inglese, caricò i bagagli, saltò su, e si incamminò. Shelley sembrava un po' più giovane di me; aveva chiaramente uno spirito avventuriero come il mio. I suoi capelli ricci mediamente lunghi avevano sfumature dal grigio al marrone scuro, e le davano un piacevole aspetto naturale.

Pensando di stare semplicemente condividendo una corsa con qualcuno interessato al tipico giro turistico, la guardai negli occhi: "Cosa ti porta qui?" chiesi. Aspettandomi qualcosa come, *Voglio vedere questo e quello,* la sentii rispondere, "Sono qui per aiutare a attivare la mia energia femminile divina." Un altro momento oh-mio-Dio, in cui mantenni la calma e risposi, " E come hai intenzione di farlo?" Beh, meditando in cerchio con il mio gruppo sciamano Squamish, British Columbia, gli dissi che mi sentivo chiamata a andare in Perù a aiutare il compimento di questa missione. Ho prenotato qualche escursione per vedere il Machu Picchu e Salkantay, ma ogni altra cosa è aperta. Mi hanno detto di minimizzare il programma, e semplicemente volare al Lago Titicaca e lasciare che lo spirito mi mostri la via. Facciamo i nostri cerchi meditativi con una mesa. Sai cos'è una mesa?"

Sentendo tutto questo, non sapevo come iniziare a rispondere , onestamente sopraffatto da ciò che avevo appena sentito. Feci qualche respiro profondo per elaborare la rivelazione, e risposi, *OK, ti dirò qualcosa a cui potresti non credere. La grande borsa di lana nel bagagliaio contiene una sfera con dei cristalli, che ho intenzione di mettere presto nelle acque dell'Isola del Sole, per aiutare l'attivazione dell'energia del divino femminile nel lago. Sento che non sia un errore essere insieme in questa macchina.*

"Non ci credo," disse. "Davvero hai intenzione di farlo!!??"

Per quanto sembri una follia, sì. In realtà mi vedrò con una ragazza e suo marito sciamano, dell'area di Pisac, a Copacabana stasera. Sei la benvenuta se vuoi unirti a questo viaggio, se senti che è in sintonia con il tuo lavoro. La cosa interessante è che sono anche un portatore di mesa. Conosco davvero pochi portatore di mesa, e credo sia curioso che anche tu ne sia una! Chiacchierammo per tutto il percorso, e prima di arrivare alla destinazione finale mi fece sapere che voleva unirsi alla nostra avventura di gruppo sull'isola. Attraversammo il confine con la Bolivia, prendemmo un altro taxi per un breve passaggio a Copacabana, camminammo scendendo lungo la spiaggia all'ecolodge, dove gli altri ci stavano aspettando. Il gruppo fu entusiasta di sentire la storia e di averla con noi.

Griglia dell'Unione attivata all'estremità nord dell'Isola del Sole presso le rovine di Chincana (foto dell'autore).

La mattina seguente partimmo con una piccola barchetta verso l'Isola del Sole (Isla del Sol). Arrivammo al molo all'estremità nord, e ci incontrammo con una giovane ragazza che ci invitò a stare a casa sua, nelle vicinanze. Sentendo un buon feeling con lei, la seguimmo nel piccolo alloggio a gestione familiare, dove la madre ci sistemò in alcune piccole stanze con splendide viste delle Ande specchiate nel lago blu cristallino. A metà pomeriggio facemmo una bella camminata, schivando maiali e capretti lungo la via fino alle rovine Inca di Roca Sagrada, e tenemmo una piccola cerimonia nelle vicinanze delle rovine Chincana per benedire la sfera ancora una volta. Guardando verso la punta nord di Isla del Sol potevo vedere tre piccole isole, ognuna di circa quarantacinque metri di diametro.

Autore con le tre piccole isole nel lontano sfondo (foto di Shelley Genovese)

Insieme formavano un triangolo, e sentii che la posizione più potente per posizionare la sfera fosse in profondità nelle acque, oltre l'isola all'apice più distante. Tornato nel villaggio in serata, Allyson parlò con alcuni pescatori locali e mi aiutò a prendere in affitto una barca. Partimmo presto con la piccola barca coperta, per evitare i forti venti e le onde della tarda giornata. Loyver portò il suo flauto, e io portai la sfera della Griglia dell'Unione a bordo per il suo viaggio finale. Il capitano era un tipo amichevole, e ero dispiaciuto di non parlare fluentemente lo spagnolo per chiacchierare io stesso con lui. Allyson gli passò il piano di navigazione, e ci avviammo verso il piccolo porto. Arrivando verso il punto nord dell'isola, il capitano ci portò sopra un arco sommerso di un'antica rovina. Ero entusiasta di poterlo vedere distintamente tre, quattro metri sotto la poppa nelle chiare acque blu. Avevo occasionalmente alcuni lemuriani in più nello zaino, così presi il più grosso e lo lasciai cadere proprio sopra l'arco. La mia impressione fu che questa regione affondò sott'acqua, in quanto il livello complessivo dell'acqua del lago si era ritirato, non era salito.

Continuammo verso nord, dove si alzò il vento e le creste aumentarono. Quando a Loyver venne la nausea ci fermammo un momento su una piccola isola. Camminammo un po' in giro, identificammo le fondamenta di alcune antiche strutture, e posizionai alcuni cristalli nelle vicinanze prima di imbarcarci.

La barca del dislocamento della Griglia dell'Unione sul Lago Titicaca! Legata a una piccola isola centrale proprio di fronte alle acque profonde per il posizionamento (foto dell'autore).

In seguito andammo nel profondo blu oltre l'isola apice. Lovyer suonò il flauto, e tenemmo tutti la sfera prima che io la lanciassi gentilmente nelle acque azzurre. Guardandola affondare fuori dalla mia vista, continuai a pregare per permetterle di benedire il lago e rigenerare o amplificare le energie del passato Divino Femminile, o dea. Guardando con attenzione nell'acqua ascoltai Loyver suonare il flauto, e improvvisamente vidi la forma di una linea morbida larga mezzo metro che si estendeva lungo l'acqua, dal punto in cui la sfera era stata rilasciata fino alla sponda dell'Isla del Sol. Era una distinta linea dritta, non del vento o della scia della barca. Tutto ciò che potevo vedere fu che il posizionamento aveva creato una linea energetica lungo tutto il punto nord dell'isola. Guardammo increduli per qualche minuto, mentre rimaneva intatta e inalterata dalle acque agitate dal vento. Seduti lì nella barca che ballava, guardando l'energia radiante di Shelley e degli altri, tutto apparve surreale e senza tempo. Non come il tipico giorno in ufficio. *Wow, è successo davvero.* Mi riportai nel momento presente, il capitano riaccese il motore esterno e ci avviammo verso il villaggio con il vento alle spalle.

La sera della luna sanguinosa, Loyver e Allyson aprirono il cerchio sciamanico per noi in una delle stanze più grandi dell'alloggio. Partecipammo con le nostre intenzioni uno per uno, in cerchio. La mia fu semplicemente che la sfera emettesse energia di luce attraverso il lago sacro, e che questa emettesse una bilanciata energia maschile/femminile per guarire il pianeta. In seguito prepararono e benedirono la pianta medicinale ayahuasca portata fino a lì dalla foresta amazzonica del Perù.

Il tè ayahuasca viene preparato nella foresta, rompendo e facendo bollire la sacra vite (Banisteriopsis capi) e tipicamente aggiungendo foglie dall'arbusto del charuna (Psychotria viridis) che contiene DMT (dimethyltriptammina). DMT, un enteogeno, ha un effetto stimolante sulla ghiandola pineale, un profondo organo interiore del cervello spesso identificato con il Terzo Occhio nel sistema di chakra indu. La parola greca *entheogen* significa "che genera il divino all'interno."

Bevemmo ognuno una piccola tazza dell'amaro tè e ascoltammo gli icaro cantati da Loyver, suonando la chitarra. Gli Icaros, canzoni composte dallo Shipibo dell'Amazzonia, erano designate a attivare l'ayahuasca così che potesse fare una guarigione profonda. In un'ora iniziammo a sentire e avere le visioni psichedeliche di questa potente vite. Quella notte, e in molti altri viaggi con questa pianta medicinale, ho visto il colore e la geometria amplificata durante il canto degli icaros. In un certo senso la musica sembra assistere visivamente nella tessitura delle geometrie ultra-dimensionali. Qualcosa che considero essere almeno della 5D, e qualcosa di così complesso che non potrei ricreare nemmeno con un esclusivo programma grafico. La geometria si vede spesso nell'arte 2-D dell'artista visionario Alex Grey, e può anche essere vista in 3-D in posti quali l'Alhambra (palazzo) nell'arte moresca del soffitto.

Geometria frattale presso Alhambra (Shutterstock)

Il mio viaggio iniziò con le sue geometrie colorate in questa notte di luna sanguinosa, poi si spostò sulla visuale della Griglia di Unità e sui cristalli che brillavano sul fondo del Lago Titicaca. Potevo chiaramente vederla irradiare energia e luce arcobaleno all'intero lago, su fino alle correnti immissarie che scorrono giù dalle Ande. Anche gli Apu (spiriti delle montagne) si stavano connettendo al campo. Mentre mi trovavo ancora in questa zona di coscienza limitata, inviai l'intenzione di diffondere questa luce intorno al mondo come una banda di luce dai poli Nord e Sud; poi visualizzai la luce girare in senso orario intorno a Gaia, mandando amore, compassione, e luce di guarigione al tutto. Poco dopo, mi spostai in uno stato più profondo e sentii me stesso viaggiare nel cosmo. Stavo per vivere il più selvaggio viaggio ayahuasca di sempre. Mi trovai in una navicella spaziale, sottoposto a un intervento al cuore! *Cosa diavolo??* Ero steso, sveglio, sul tavolo con il petto spaccato e aperto, mentre alieni simil Grigi procedevano a fare ciò che sembrava una micro-chirurgia sul mio cuore. Ne avevo sentito parlare, ma non ne avevo mai avuta esperienza, dissezione sciamanica. Durante ciò che sembrò durare ore, li guardai operare su di me. Dicendogli che dovevo ritornare sulla Terra intatto e in salute, sentii: "Non preoccuparti. Stiamo semplicemente facendo alcuni ampliamenti energetici sul tuo cuore. Andrà tutto bene." Feci del mio meglio per permettere a questa cura di accadere, assicurandomi di non ricevere nessun "impianto", di cui i miei amici più cosmici mi avevano ragguagliato.

In un paio d'ore, credo, aprii gli occhi e potei vedere la sanguinolente luna piena sorgere sulle Ande.

Il Risveglio dell'energia del Divino Femminile nel Lago Titicaca

Luna sanguinolenta nascente sulle Ande Boliviane e sul Lago Titicaca (foto dell'autore).

Il suo colore tra il rosso sangue e l'arancione e la grandezza amplificata erano una vista potente da sopportare. Loyver stava suonando il flauto ora, e mentre guardavo il lago illuminato dalla luce della luna, mi venne molta nausea. Guardando fuori dal ponte del secondo piano, fissai il lago, mi aggrappai alla ringhiera e spurgai intensamente sulla terra sottostante. Per fortuna nessuno stava passando! Sentii una pulizia di energia oscura dal mio corpo energetico, seguita da un'infusione di luce di guarigione dal Lago Titicaca, le Ande, e la luna che sorgeva nel cielo. Allyson uscì per aiutarmi a far scorrere l'energia e respirare durante questa purificazione, bilanciando la mia energia e aiutandomi a radicarmi. Quella notte sul tardi mi addormentai, sentendo ancora la pianta medicinale lavorare attraverso di me nello spazio onirico.

La mattina successiva integrammo ciò che ci era arrivato durante la cerimonia, e discutemmo su ciò che avevamo sentito e provato. Presi la nave di ritorno per Copacabana con il gruppo, salutando Allyson e il suo equipaggio mentre ritornavano alla Valle Sacra. Shelley aveva deciso di venire con me in un viaggio al confine col misterioso luogo pre-Inca di Tiwanaku e Puma Punk prima di incamminarci. Dopo un lungo viaggio in autobus, affittammo un autista privato e arrivammo a Tiwanaku, discusso di frequente nella serie Tv Ancient Aliens con Giorgio A. Tsoukalos; ha le incisioni a laser in granito più intricate, che ad oggi non possono essere riprodotte con i nostri strumenti taglia pietre a laser di alta tecnologia.

Per aiutarci a capire questo complesso luogo assumemmo una guida locale al nostro arrivo. Una delle zone più intriganti fu un tempio rettangolare sotterraneo, che ha quasi cento teste lavorate nella pietra di vari gruppi etnici/razze inserite nelle quattro mura.

Tempio sotterraneo a Tiwanaka con teste lavorate di gruppi etnici da tutto il mondo (foto dell'autore).

La guida ci indicò delle teste Tiwanakane, Afro-Americane, Asiatiche, e altre, ma una tipologia era di gran lunga la più interessante. Su ognuno delle quattro mura c'era una testa simile a quella di un alieno, mentre per ogni altra razza ce n'era una soltanto.

Testa di alieno nel tempio sotterraneo (foto dell'autore)

Chiaramente, nel tempio sotterraneo questa razza giocava un ruolo predominante. Decisi di fare alla guida una domanda di cui già conoscevo la risposta, solo per sentire la sua: *Quindi crede che alieni o esseri di altri pianeti aiutarono a costruire questo complesso luogo?"* "Beh, certo". Sono discendente Tiwanakan da migliaia di anni e molte generazioni. La nostra gente sa e crede che abbiamo avuto aiuto dai visitatori delle stelle." *Perfetto,* pensai. *Avrebbe potuto nascondersi un po', ma questa era la più diretta risposta di conferma che avrei mai potuto chiedere.*

Camminando nei dintorni, ci mostrò la potente Porta del Sole, con la divinità creatrice Viracocha al centro dell'arco.

Gli Spagnoli la spostarono nella capitale di La Paz tempo fa; fortunatamente fu restituita. Purtroppo non è stata messa nella sua potente posizione originale nel luogo Tiwanaku, e questo ha rappresentato un danno sostanziale.

Autore dietro alla Porta del Sole (foto di Shelley Genovese).

Dietro la porta è situata una grande pietra magnetica di forma quadrata. La guida ci mise una bussola; l'ago della bussola girò. *Wow, non ho mai visto una cosa simile.* Sentii di volermi sedermi e meditare sulla roccia, così gli chiesi se potevamo farlo. Mi mostrò il pollice su e se ne andò per fare una pausa, e ci accordammo per incontrarci dopo trenta minuti. Sorprendentemente non c'era nessun altro sul luogo eletto, eccetto una signora locale anziana seduta all'ombra che lavorava a maglia. Shelley e io decidemmo di sederci a metà loto su una larga pietra nera magnetica per connetterci con le energie di questo tempio. Durante la meditazione di venti minuti sentimmo un intenso flusso di kundalini dai nostri chakra della radice fino alle corone. Dovetti lavorare con il respiro per tollerarne l'intensità. Verso la fine aprimmo entrambi gli occhi spontaneamente, guardandoci l'un l'altro, condividendo intuitivamente quanto profonda fosse l'esperienza. Fu molto intrigante quando mi girai, la signora anziana era dietro di noi e disse semplicemente, raggiante, "Muy bueno". Fu come se fosse lì come un tempio anziano, osservando noi e il campo creato. Successivamente mettemmo alcuni piccoli lemuriani nelle fessure intorno al tempio per onorarlo, e raggiungemmo la guida.

Nel breve viaggio verso Puma Punk ci meravigliammo per le sorprendenti lavorazioni di rocce megalitiche multistrato, specialmente i così chiamati "blocchi H".

Le pietre sono così sparpagliate in questo posto, che ci si chiede quale evento catastrofico le abbia livellate. Con modelli computerizzati, che comprendono miniature stampate in 3D, gli archeologi continuano a teorizzare sulla loro configurazione originale e il loro scopo. Visitando questo luogo, e osservando la precisione del taglio della pietra e le grandi pietre megalitiche, che dovettero essere trasportate per chilometri, una cosa appare chiara. Devono aver avuto aiuto da un gruppo estremamente avanzato di traslocatori di pietre, muratori e scalpellini, molto probabilmente visitatori da molto lontano. Come minimo gli furono prestati degli strumenti con un'impressionante potenza e strumenti di levitazione!

I Blocchi H di Puma Punka (foto dell'autore)

Nel lungo viaggio di ritorno verso Puno, Perù, fu notevole vedere le isole fluttuanti di Uros, ma molto turistico. Ero felice di avere visto anche le più remote, enigmatiche rovine di Tiwanaku e Puma Punk nel sud del lago, in Bolivia, e spero di tornarci un giorno.

Diedi a Shelley un grosso abbraccio mentre si diresse per volare di ritorno al nord per visitare il Monte Salkantay, Machu Picchu, e oltre. Le diedi la maggior parte dei cristalli lemuriani rimasti, le chiesi di metterli nei punti sacri in cui si sentiva di farlo. Fu un così strano addio. Potevo chiaramente vedere il suo lavoro in corso di innalzamento dei livelli di vibrazione, suoi e degli altri, e ringraziai l'universo per averla aiutata a manifestarsi in questo potente evento.

Un Quetzal che connette le energie tra Machu Picchu, Palenque, e Chaco, così come visualizzato dall'autore e disegnato dall'artista Danielle Lanslots su commissione

Capitolo 6:
I Teschi di Cristallo, energizzando il campo di luce arcobaleno del Quetzalcoatl

L'iconografia e le piramidi Maya continuarono a entrare nella mia coscienza sporadicamente durante le meditazioni, a volte con il bellissimo uccello quetzal, che fa scorrere energie di luce tra cristalli che avevo messo nelle zone sacre. L'immagine arrivò così tanto che veci un bozzetto della mia visione e lo commissionai alla mia amica artista Danielle Lanslots per provare a creare qualcosa di bello con la geometria sacra incorporandola nel quetzal.

Trascorsi un weekend all'Arise Summer music festival, fui ulteriormente attirato dai motivi dei Maya, degli Aztechi, e dei Toltec da alcuni artisti che mostrarono i loro lavori nella grande galleria a tendone che dominava il luogo sottostante. Successivamente, quell'estate mi immersi ancora di più nell'arte "visionaria" dei Maya al Denver's First Friday Art Walks di Santa Fe Boulevard. Iniziai a chiedermi se il riconoscimento di pattern degli artisti collegati a questa antica cultura fossero amplificati dall'ayahuasca o altre piante medicinali psicoattive. Avendo visto questi schemi in meditazione con le medicine sciamaniche, avevo spesso voluto prendere un pennello e provare a ricreare almeno un accenno. Dissi candidamente a un artista: *hai usato ayahuasca o psilocybin per creare questa arte?* Sorridendo di rimando, disse, "Sì, in effetti, non solo mi ha attirato nei miseri degli antichi, come i Maya, ma mi ha aiutato a rinvigorire la mia creatività. Guardare le forme di arte Maya mi è servito come stimolo per uno sfondo di base, da cui espandermi." Vedere quest'arte e ascoltare dagli artisti mi invogliò ulteriormente a espandermi nei regni dei Maya.

Frequentai una meditazione a cerchio non molto tempo dopo questo festival musicale e evento artistico, offrii del lavoro energetico a un amico. Anch'io amo ricevere del lavoro energetico da altri, specialmente quando mi sento un po' fuori centro.

Aveva lottato con vari problemi, e avuto il desiderio di bilanciarsi e connettere i suoi chakra. Dopo aver verificato il suo campo energetico, misi alcuni cristalli lemuriani sul secondo, terzo e quarto chakra e poi decisi di canalizzare il serpente piumato Maya, Quetzalcoatl. Questa divinità di luce, Dio della Stella del Mattino, è di origine mesoamericana (Mayano-Azteco-Toltec), con dei ruoli complessi che includono contributi alla fertilità, all'agricoltura, e alla guarigione; creare libri e calendari, e diventare patrono dei preti mesoamericani. [13]

Alcuni Mormoni pensano che Quetzalcoatl sia sinonimo di Gesù, come affermato dal loro terzo presidente, John Taylor: "La storia della vita e della divinità messicana, Quetzalcoatl, si avvicina molto a quella del Salvatore; così vicina, certamente, che non possiamo arrivare a altra conclusione che Quetzalcoatl e Cristo siano lo stesso essere vivente." [14]

Connettendomi alle energie del serpente piumato potei sentire più luce del solito, fluire attraverso i palmi e i polpastrelli. Inviai luce dalla punta dell'indice destro, toccando l'area del Terzo Occhio della sua fronte, la mia amica sussultò, dicendo, "Oh mio Dio, Fred. Vedo luce arcobaleno scorrere lungo il mio corpo! Come fai?" *Non ne sono esattamente certo, mi sto semplicemente collegando con alcune energie guaritrici Maya, con l'intento di inviarti luce e guarire qualsiasi cosa di cui tu abbia bisogno.*

Continuando a far fluire energia di luce arcobaleno attraverso di lei, iniziò a sentirsi libera da energie oscure non volute, e sentì il vuoto riempirsi con questa energia di guarigione. La aiutai guidandola in una meditazione, con l'intenzione di portare questa luce dentro da sola, attraverso la corona e in ogni molecola del corpo, infondendola con la luce ogni volta che fosse possibile, per sostenere un campo bilanciato.

Feci scorrere queste energie, e vidi le immagini in meditazione, mi sentii attirato a tornare nello Yucatàn, per scoprire altri misteri nascosti dei Maya. Seguii gli insegnamenti online di Miguel Angel Vergara, uno studioso e insegnante delle tradizioni sciamaniche Maya, e decisi di contattarlo e vedere se volesse guidare un piccolo gruppo privato a febbraio, nel 2018. Ricevetti un pollice su dal suo team, iniziammo a pianificare un viaggio che iniziasse a Chichèn Itzà per conto nostro, poi, nella settimana successiva, un incontro con lui a Uxmal vicino Mèrida.

In meditazione iniziai a avere frequenti, chiare intuizioni di dover mettere un cristallo o qualcos'altro di molto potente nei cenotes di Chicèn Itzà, per risvegliare le energie di Quetzalcoatl (Kukulkan).

I cenotes si formano quando, a causa di due erosioni, uno strato di superficie di calcare collassa, esponendo poi delle acque sotterranee o una falda acquifera. Spesso in America li chiamiamo doline. I Maya li usavano come fonte d'acqua, e anche come posti per fare offerte agli dei. Ecco una buona spiegazione del perché queste cenotes sono importanti:

> La città di Chichen-Itza fu fondata durante il periodo Classico vicino a due cavità naturali (cenotes o chermes), che diedero il nome alla città "Al bordo del pozzo degli Itzaes. I cenotes facilitarono il picchettamento delle acque del sottosuolo dell'area.[15]

Entrai più in connessione con tutto questo, continuarono a venire nel mio campo meditativo dei teschi di cristallo. Non ero mai stato un fan dei teschi di cristallo, a differenza di alcuni miei amici spirituali, e spesso li trovavo un po' inquietanti. Non volevo essere giudicante, mantenni una mente aperta per vedere quali ulteriori dettagli sarebbero emersi. Mentre facevo la doccia mi colpì velocemente, come se ci fosse stato un cavo ottico a fibra o a banda larga collegato con la mia testa! Avrei messo due teschi di cristallo in ogni cenote, con un seme di cristallo di Lemuria avvolto insieme a essi. Un teschio sarebbe stato di quarzo rosa, risuonante con le energie femminili, e l'altro di lapislazzuli, risuonante con le energie maschili.

Wow, incredibile che tutto questo sia arrivato mentre mi facevo la doccia, prima di incamminarmi in un giorno pieno di pazienti da vedere. Dato il mio tempo limitato per prepararmi, guardai online per i teschi e ordinai sei dei due tipi diversi, da consegnare nel mio ufficio. Avevo molti semi di cristalli lemuriani disponibili in una scatola sotto il letto. Una settimana dopo arrivò il pacco, con una fattura per dodici teschi. Ma la cosa interessante fu che dentro ce n'erano un totale di tredici. Hmm, forte. Ci pensai per un momento, mi ricordai di aver visto *Indiana Jones e il Regno del teschio di cristallo,* film del 2008. Quanti teschi aveva Steven Spielberg nel film? Tredici, ovviamente! Incuriosito, cercai quanti teschi di cristallo mesoamericani a grandezza naturale esistono in base alle leggende. Il numero fu tredici, e alcuni anziani Maya dicono ce ne siano quattro serie da tredici. Esistono delle continue controversie riguardo all'autenticità di alcuni teschi di cristallo nei musei, e il totale numero della loro esistenza. Ma uno che ha particolarmente catturato l'immaginazione pubblica è il teschio di cristallo di Mitchell-Hedges, secondo quanto riferito, scoperto da Anna, la figlia dell'avventuriero britannico e autore F.A. Mitchell-Hedges, sotto un altare in cima a una piramide nella città maya di Lubaantun, Belize. Valutazioni dai laboratori di Hewlett-Packard in Santa Clara nel 1970 mostrarono che questo cristallo molto resistente fu lucidato oltre ciò che potremmo riuscire a fare con degli strumenti moderni, e senza evidenti segni di macchinari.[16] I teorici della New Age citano la leggenda Maya, sostenendo che quando i tredici teschi di origini ET verranno riuniti, ci sarà un risveglio della conoscenza da tutto l'universo.[17]

Se l'arrivo dei tredici teschi invece di dodici fosse un incidente, o l'universo che mi provocasse ulteriormente, non lo saprò mai. In ogni caso, stavano venendo tutti da me.

Avevo bisogno che gli altri mi aiutassero con questo difficile viaggio, contattai la mia amica Terry, che mi aveva assistito nel fare diversi posizionamenti straordinari in Cambogia, intorno a Angkor Wat, un anno prima. Lei e gli altri ci avrebbero raggiunto nel nostro viaggio spirituale in Yucatàn. Terry ha l'abilità innata di sentire le energie sacre oltre la 3D. Con le sue energie divine e le sue abilità in questo viaggio mi sembrò fondamentale per fare questi sacri posizionamenti, e bilanciare le energie maschili.

Dopo l'arrivo a Cancùn ci facemmo strada verso il sito archeologico di Chichèn Itzà in macchina, in un paio d'ore, e sostammo nello storico Mayaland Hotel, costruito nella periferia delle rovine negli anni 1920. Lì esistono persino delle piccole piramidi sulla terra. Il migliaio di acri del Parco Archeologico di Chichèn Itzà è oggi patrimonio dell'Unesco, caratteristica centrale essendo "uno delle Nuove Sette Meraviglie del Mondo, El Castillo" (la piramide Kukulkan).[18] Chichèn Itzà fu costruita dai Maya durante il periodo tardo classico, probabilmente all'inizio del 750 d.C., e la piramide Kukulkan è vicino a questo sito centrale. Calcolammo che il nostro arrivo coincidesse con l'eclisse totale di luna del 31 gennaio, anche conosciuta come la Super Luna Blu.

Dopo esserci sistemati al Mayaland hotel ci radunammo in serata per organizzare i nostri teschi in cerchio, intorno a un grande teschio chiamato Rosa, che Terry aveva portato. Questo teschio era stato nel cerchio, e ricaricato dal famoso teschio di cristallo a grandezza naturale Max, scoperto in Guatemala, così la nostra intenzione fu di connettere i tredici teschi a Rosa e alle energie di Max prima di posizionarli. Max, intenzionalmente famoso, soggetto di documentari, è considerato uno dei tredici teschi di cristallo dei Maya; si stima che abbia più di diecimila anni.[19] Tenemmo una breve cerimonia, benedicemmo i teschi e i cristalli di Lemuria, con l'intento di inviare guarigione, attivando energia di luce nei luoghi Maya, e anche di ripulire da ogni energia oscura, o da anime intrappolate.

I Teschi di Cristallo, energizzando il campo di luce arcobaleno del Quetzalcoatl

Cerchio di Teschi con Rosa centrale (foto dell'autore)

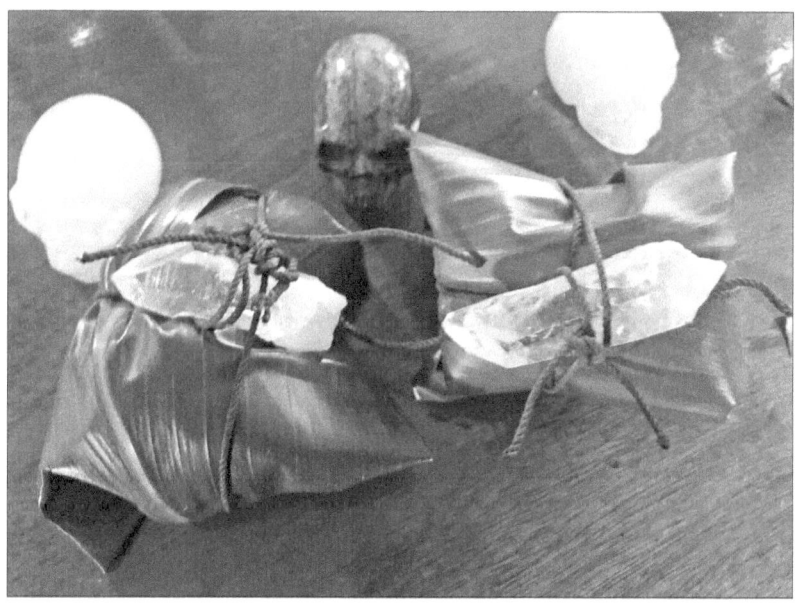

Coppia di Quarzi Rosa/ Lapis con cristallo di Lemuria avvolto in foglia di banana, pronto per posizionamento (foto dell'autore)

Pensai tra me e me: E' una follia. Mai nei sogni più profondi mi sarei ritratto attivando teschi di cristallo, su un sito Maya, durante una superluna.

Andammo poi in una piccola piramide con una cima piatta, e ci sdraiammo, fissando la luna incorniciata dagli alberi della foresta. Terry notò alcune energie oscure che scendevano dalla piramide, così unificammo le nostre energie di luce e dirigemmo i palmi verso l'entità, spazzandola via da noi. Continuammo tutti con la meditazione, sentendo le complesse energie dei Maya, poi ci dirigemmo a dormire prima del gran giorno dei posizionamenti del teschio a Chichèn Itzà.

Quella mattina, dopo la colazione in hotel, incontrammo la guida per la prima parte del giorno. Poiché Miguel non poteva ancora unirsi, assumemmo una ragazza con una grande conoscenza spirituale e archeologica. Camminando lungo il complesso ci indicò come il solstizio d'estate creasse su El Castillo lo schema ondulato di un serpente, che rappresenta la discesa del serpente piumato Kukulkan al luogo sacro. Questa enorme piramide, alta quasi 24 metri, ha nove livelli ed è ben preservata in seguito a scavi e restaurazioni, datate tardi anni 1920.

Nei primi lontani anni '90 ricordo di aver scalato i ripidi gradini; oggi non può essere scalato, a causa dei molti incidenti e persino della morte verificatasi quando una modella ha provato a salirci con i tacchi alti.

I Teschi di Cristallo, energizzando il campo di luce arcobaleno del Quetzalcoatl

L'autore con la piramide Kukulkan sullo sfondo (foto di Terry Smith)

La guida spiegò come la piramide fu costruita sopra un ruscello sotterraneo (falda acquifera), e come questo fiume si aprisse al nord al Sacro Cenote, e a sud al Cenote Xtoloc, creando rispettivamente una bocca e una coda. Aveva senso logico e energetico che i Maya volessero fare offerte alle aperture dei chakra della corona e della radice del cenote di questo fiume, simile a un serpente che scorreva sotto la piramide. Altri due cenotes meno conosciuti si trovano in quest'area, per un totale di quattro. Come furono in grado di realizzare il fiume sotterraneo senza ultrasuoni terreni, e costruire questa immensa e pesante piramide, nello stesso tempo allineandosi perfettamente per il solstizio, va oltre la comprensione di archeologi e scienziati.

Dopo il tour delle piramidi, il campo da gioco, e l'osservatorio ci incamminammo al cenote nord per mettere il paio di teschi di cristallo. Oltrepassammo venditori che offrivano di tutto, da maschere di giaguaro a piramidi da fischiare, e arrivammo al confine nord del cenote.

(Sacro) Cenote Nord (foto dell'autore)

Impostammo l'intenzione di guarire e inviare luce a questo luogo, tenemmo i teschi sul cuore, inviammo amore, poi al nostro Terzo Occhio connettendoci a loro e all'unità universale. Tenendo il potente fagotto avvolto nella foglia di banana, con un lancio incerto lo rilasciai, guardandolo formare un arco e atterrare al centro delle profonde acque verdi del cenote. Un'onda di energia visibile e palpabile si muoveva sulla superficie, visualizzai il fagotto abbandonarsi sul pavimento del cenote per pulire ogni energia oscura rimasta.

Tornammo verso la piramide, depositammo i cristalli lemuriani dove ne sentimmo l'impulso, insieme a un paio di teschi che mettemmo in un'alcova su una rovina coperta di vegetazione nel cenote sud.

Vedemmo una grotta vicino al cenote sud, entrammo con prudenza, preoccupati per i serpenti, e decidemmo di fare una ruota di medicina nel pavimento sabbioso. Purificammo il pavimento e noi stessi con la salvia, orientammo la selenite e i cristalli di Lemuria nelle quattro direzioni, poi li seppellimmo per onorare questo luogo sacro. Infilai la mano nello zaino, afferrai un terzo paio di teschi di cristallo avvolti nella foglia. Di nuovo, impostammo le intenzioni, e con un lancio più difficoltoso atterrarono nella piscina di acqua nel cenote sud dopo essere rimbalzati su un albero, in questa zona piena di foreste. Tornando al complesso principale e alla piramide, sentimmo un senso di beatitudine e connessione con la zona, sperando che il nostro lavoro facesse la differenza nel ripristinare ulteriormente la vibrazione della luce energetica degli antichi Maya e di Gaia. Dormii bene quella notte, ci svegliammo presto per fare un lungo viaggio in macchina a ovest a Uxmal e alle Piramidi del Mago.

Piramide del Mago a Uxmal (foto dell'autore)

Miguel ci incontrò all'entrata e ci informò come, paragonandolo a altri siti Maya, le energie differiscano qui. Chichèn Itzà era un luogo di scienza, tecnologia, e anche allenamento di guerrieri, ma qui a Uxmal il focus erano le arti, l'educazione, e il Divino Femminile. "Notate la curva arrotondata su questa piramide, in contrasto con Chichèn Itzà," disse.

L'autore con Miguel sotto un albero Ceiba di Uxmal (foto di Terry Smith)

"Oggi durante il tour vedrete come questo sito si allinei più con le energie femminili. Vi mostrerò una struttura che si pensa sia stata una biblioteca qui. E sulla collina, quaggiù, alcune delle più belle rocce artistiche lavorate." Ci sedemmo sotto un albero sacro Maya Ceiba, non lontano dalla piramide, e chiacchierammo con lui all'ombra. Mentre mi connettevo con le energie e i misteri delle Piramidi del Mago, chiesi a Miguel: *Può sembrare una follia, ma percepisco una grande sfera di energia nel profondo della piramide, e un portale vicino all'altare in cima. C'è qualcosa inerente a questa percezione che sto avendo?* Miguel si fermò, e mi guardò con un gran sorriso. "Sì, Fred, anch'io ho percepito la grande sfera di energia dentro questa piramide, è curioso che mi parli di un portale. Molti anni fa una coppia francese andò allo show serale della luce-laser, nel convento di suore dietro alla piramide. Una volta terminato, camminarono giù alla base della piramide, e suo marito decise di scalare, nonostante il divieto, la piattaforma dell'altare cerimoniale. Lo aspettò pazientemente, e pensò che sarebbe tornato presto e sceso giù. Passarono trenta minuti e non riapparve. Preoccupata, allertò le guardie e si scusò perché fosse andato su senza permesso. Fecero delle ricerche nella piattaforma e nell'intera zona della piramide, e nel perimetro circostante per un'intera settimana. Non lo trovarono da nessuna parte. Perfino i più piccoli pozzi vennero ispezionati per vedere se vi fosse caduto. Niente. Io e un gruppo di sciamani venimmo chiamati nella zona per alcuni consigli. In meditazione concordammo che viaggiò attraverso un portale nella piattaforma, e che sarebbe tornato, speriamo salvo, tra alcuni anni. Quindi per rispondere alla tua domanda, sì c'è un portale, e se lo calcoli bene, dici addio a questa realtà." *Wow,* pensai. *Speriamo sia in grado di tornare presto nella nostra realtà, per la sua famiglia e per sua moglie.* "Non penso farò un'operazione segreta per arrivare lassù da solo", dissi a Miguel!

Esplorammo il resto del sito, apprezzammo le reliquie straordinarie di sassi lavorati nella Casa delle Tartarughe e nel palazzo.

I Teschi di Cristallo, energizzando il campo di luce arcobaleno del Quetzalcoatl

Palazzo del Governatore, Uxmal (foto dell'autore)

Proseguimmo il nostro sorprendente tour condividendo pensieri con Miguel, Terry e io posizionammo alcuni cristalli lemuriani nelle fessure tra le piramidi, e un paio di teschi di cristallo in una piccola alcova protettiva. Benedicemmo questo potente luogo, il gruppo si incamminò per assaggiare del miele Maya di un apicoltore che si era offerto di riempirne le nostre bottiglie di plastica vuote. L'alveare si trovava in un tronco scavato orizzontalmente e sopraelevato, con un tappo in cima, che veniva semplicemente tolto per permettere al liquido dorato di fluire nella bottiglia. Dei buchi in cima al tronco permettevano alle api l'accesso, e le estremità erano tappate. Wow, un modo così semplice e poco invasivo per ottenere il miele. Di gran lunga migliore dei box negli Usa. In seguito visitammo un negozio che faceva perfette repliche in ceramica di bruciatori d'incenso, vasi e altri lavori artistici. Acquistai uno splendido bruciatore d'incenso di copal da usare nelle cerimonie di meditazione per il futuro.

Replica di un tradizionale bruciatore d'incenso Maya (foto dell'autore)

Ringraziammo Miguel per i profondi segreti spirituali e il tour sacro di Uxmal, il gruppo si diresse a sud verso Tulum, fermandosi nelle rovine di Copa lungo la strada. Affittammo delle biciclette e pedalammo intorno a questo ampio e bellissimo sito, fermandoci presso l'alta Piramide di Nohoch Sul per fare la salita dei 120 gradini. Respirai luce nel grande lemuriano e lo strinsi al cuore, lo lasciai in una fessura nella piattaforma coperta. Scendendo giù, pedalammo fino a una piramide più piccola, che era stata poco scavata. Seguimmo lo stretto sentiero fino in cima e potei vedere fino al baldacchino di alberi. Sentii dentro di me questa magica piramide, decisi di lasciare l'ultimo paio di teschi di cristallo sotto le radici degli alberi che crescevano dalla sua estremità. Avendo messo le ultime coppie di teschi, provai sollievo e sentii una crescita del campo energetico intorno a me. Scesi lentamente, sentendo l'energia di questa piramide, feci ritorno all'entrata. Ero disidratato e saltai in un negozio per bere un altro litro d'acqua e incamminarmi verso Tulum.

Il giorno dopo girammo Tulum. Le rovine qui sono più modeste, ma i fondali di oceano turchese, le palme, e le baie di sabbia lo resero idilliaco.

Tulum, El Castillo (foto dell'autore)

Tulum, Templo del Dios del Viento/Tempio del Dio Vento (foto dell'autore)

E' diventato un posto molto popolare per soggiornare, con i nuovi numerosi alloggi proprio sotto la spiaggia a ovest del sito archeologico. L'alloggio in questa area è più una boutique rustica, con bungalow sul mare, e soddisfa più chi cerca raduni di yoga sulla spiaggia piuttosto che buttare giù Margaritas nei più commerciali alti grattacieli di Playa del Carmen e Cancùn, a est.

Mi ricordo come venticinque anni fa avrei semplicemente parcheggiato sul lato della strada, in un maggiolone decappottabile, e camminato meno di cinquanta metri dal tempio principale. I custodi del del parcheggio si trovavano lì per proteggere il posto, ma niente cancelli, e si poteva salire senza ostacoli per vedere. Le cose sono cambiate così tanto ora, con grandi parcheggi a meno di un chilometro di distanza, tariffe per entrare, e l'intera zona recintata. Cercai di non lasciare che mi desse fastidio l'alto numero di visitatori, mentre aspettammo in fila a lungo per acquistare i biglietti. Tuttavia questo mi fece apprezzare i più remoti e deserti luoghi di Uxmal, Palenque, e altri.

Dopo aver compiuto i posizionamenti finali a Tulum, e trascorso un po' di tempo in spiaggia, salutai gli altri e mi indirizzai all'aeroporto di Cancùn per volare verso casa. Che viaggio profondo e pieno di significato nello Yucatàn avevo fatto! Miguel aveva condiviso con noi una saggia frase Maya, che mi rimase impressa: in Lak'ech, Ala K'in, che significa "Io sono te, tu sei me, noi siamo uno." I Maya la abbracciarono; dopo il nostro lavoro qui, sentii questo campo di unione. Potevo solo sperare che il nostro lavoro qui, e nel mondo in generale, aiutasse anche gli altri ad abbracciarlo.

Capitolo 7:
La visione di Rapa Nui

Era passato un anno dal mio viaggio in Perù e continuai a fare posizionamenti di cristalli e ruote di medicina in potenti luoghi presso Sedona e Monte Shasta. Questi aiutarono a collegare ulteriormente le energie del Nord America (Isola delle Tartarughe) al Sud America (Isola del Cuore). Visitando, e facendo posizionamenti presso Angkor Wat, Hawaii, Fiji, Galapagos, Mount Kilimanjaro, e molti altri luoghi, espansi e amplificai il campo della crescente griglia di Lemuria. Sono grato agli amici volenterosi di mettere e prendere alcuni dei miei cristalli lemuriani a Gerusalemme, Teotihuacan, e altre aree sacre intorno al mondo. Fu un momento in cui, di nuovo, sentii il mio lavoro compiuto.

Mi sentii chiamato a partecipare a una cerimonia di piante medicinali con i miei amici a Boulder, ci andai senza aspettative, oltre a essere in sintonia con il gruppo. La cerimonia iniziò con un po' di yoga gentile, seguito dal suono delle ciotole di cristallo guaritrici. Il nostro gruppo di quindici circa mandò le intenzioni, poi prese una cioccolata contenente psilocibina (psichedelica) per aiutare lo spirito a viaggiare e meditare profondamente. Mi rilassai sul tappetino yoga, meditai sulla musica mantra messa nella stanza, e iniziai a sentirmi dolcemente scivolare leggero nel multiverso.

Il multiverso è quello spazio in cui sento e vedo dimensioni oltre la coscienza 3-D, che in stati profondi può estendersi nel cosmo. Sentii il bisogno di muovere l'energia nel corpo, così camminai un po' in giro, feci qualche posa yoga, e entrai in una stanza dove un'amica, Maria, stava meditando. Le chiesi se potevo unirmi e lei concordò, mi sedetti sul divano di fronte a lei per immergermi più profondamente.

Moai a Rano Raraku (foto dell'autore)

Immediatamente mi trovai in un altro viaggio fuori dal corpo, di nuovo a volare a sud sopra l'America centrale e il sud America. In pochi minuti volavo su un'sola a forma di triangolo verso il Sud America, poi vidi me stesso volare in un gran cratere vulcanico e semplicemente mettere un cristallo alla base. Mi chiesi dove nel mondo ero atterrato, improvvisamente vidi la parola Rapa Nui. Meditai sull'isola per una buona ora, e poi aprii gli occhi per vedere ancora Maria seduta lì. Le chiesi, *hai mai sentito parlare di Rapa Nui?* "No," disse. *Nemmeno io. Suonerà un po' folle, ma ho appena viaggiato con lo spirito in un'isola e messo un cristallo proprio lì.* "Cerchiamo il nome," suggerì.

Cercai il cellulare nell'altra stanza, lo cercai su google e scoprii che Rapa Nui è il nome nativo dell'Isola di Pasqua. *Oh Mio Dio, ho sempre voluto andare lì per vedere i Moais [figure umane scolpite] e visitare l'isola. Mi chiedo se l'isola abbia dei vulcani e una forma triangolare, come ho visto nel viaggio.* Andai su Google Maps, poi su un'immagine satellitare, e fui assolutamente senza parole. Non solo aveva una forma triangolare, ma potevo esattamente vedere il cratere vulcanico in cui avevo messo il cristallo. Maria mi sorrise, e rimasi solo seduto lì, mi girava la testa. *Beh, immagino sia lì dove andrò prossimamente.*

Raccontai la storia alla mia famiglia la settimana successiva, ricevetti un'altra occhiata di incredulità e resistenza all'idea di me fare un altro viaggio folle e lontano. Nonostante ciò, rimasi fedele e iniziai a lavorare sulle logistiche. Il tempo mi avrebbe aiutato a capire e manifestare questo posizionamento.

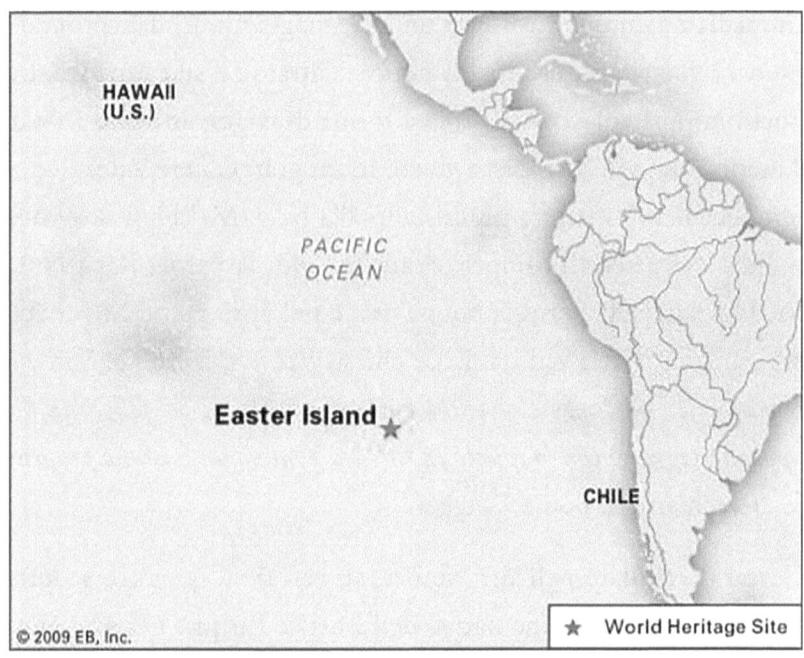

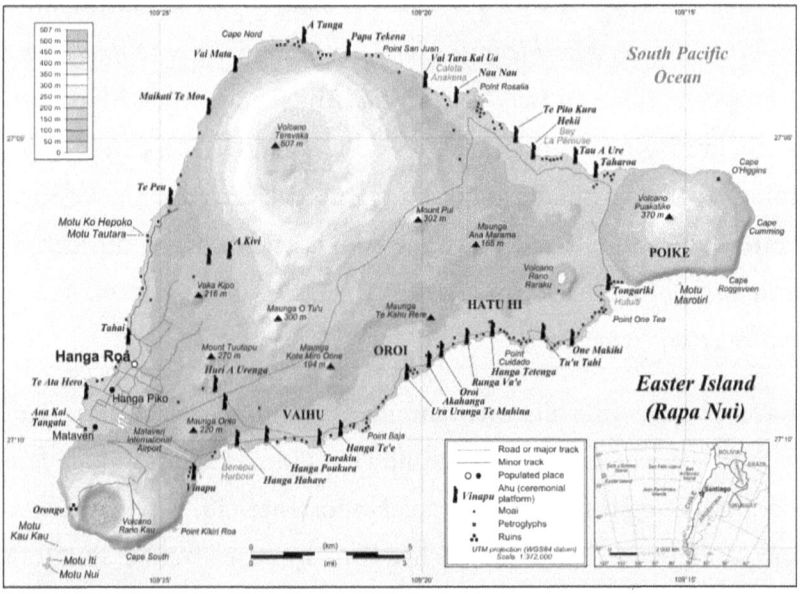

Localizzazione Rapa Nui nel Pacifico. https://www.britannica.com/place/Easter-Island: e mappa dell'Isola che mostra la forma triangolare, https://commons.wikimedia.org/wiki/File:Easter_Island_map_eng_svg.

Meditando su Rapa Nui, sentii la sua profonda e antica connessione con Lemuria, il dimenticato continente mitologico sprofondato nel Pacifico, secondo molti che lo hanno canalizzato. Si pensa che Lemuria sia antecedente Atlantide, e abbia mantenuto un campo di energia risonante privo di oscurità (si vedano, per esempio, le descrizioni dal molto ammirato "profeta dormiente", a volte chiamato "padre della medicina olistica," Edgar Cayce). Secondo lui e altri, i resti della Lemuria rimanenti comprendono le Isole Hawaii, Rapa Nui, e persino Point Reyes, California.[20] Si pensa che Atlantide sia stata distrutta da forze esterne, come risultato di un uso inappropriato della tecnologia, che la portò su un sentiero oscuro. E' difficile provare o confutare le teorie, ma sentii che ci fu una ragionevole quantità di racconti culturali e informazioni canalizzate per essere aperto mentalmente a fare ulteriori ricerche. Per esempio, gli archeologi dei tempi moderni per la maggior parte sottostimano la grandezza dei territori Maya. Le ultime tecnologie di scanner LiDAR hanno trovato questi siti da scoprire, e stanno riscrivendo la storia oggi, raddoppiando la grandezza stimata della loro civilizzazione. Si veda il blog di Sharping, 27 settembre, 2018, "Scansioni Lidar Rivelano i Maya Erano molto più grandi e complessi di ciò che si credeva".

Decisi di contattare la guaritrice Kahuna Kalei, Sacerdotessa intuitiva spirituale, che Lee Carroll, il famoso medium di "Kryon", identificò come "una pura lemuriana, una che si è risvegliata al seme interiore."[21] Avevo svolto una piccola cerimonia, e canalizzato con lei negli ultimi due anni a Waipi'o Valley (grande isola delle Hawaii). Sapevo che aveva antenati lemuriani, e li aveva canalizzati anche in me. Avevamo benedetto insieme un cristallo lemuriano, e lo avevamo messo nel promontorio che sovrastava la valle quel giorno. Se qualcuno poteva aiutarmi a trovare uno sciamano a Rapa Nui (Isola di Pasqua), quel qualcuno era lei.

Kahuna Kalei (foto fornita da lei)

Inoltre non volevo solo farmi vedere e mettere un cristallo. Connettendomi con le energie di questo posto sacro, sentii che per onorarlo avevo bisogno della guida dei nativi del complesso, per l'isolata, isola di Lemuria. Kahuna fu in grado di connettermi con un agente di viaggi che aveva lavorato con lo sciamano a Rapa Nui, e poi lui lo contattò per lavorare sulle logistiche.

Decisi di usare la stessa forma geometrica sacra della Griglia dell'Unione (Metaforme), con l'aggiunta di un cristallo per questo luogo. Potevo sentire un bisogno di unire il Lago Titicaca con Rapa Nui e attraverso il Sud Est asiatico a Angor, così ricercai se questa linea fosse preesistente e fui entusiasta di scoprire che una linea temporanea fu forse riscoperta da Graham Hancock, un autore di molteplici libri famosi, "che descrive se stesso come un pensatore non convenzionale, sollevando questioni controversie circa il passato dell'umanità." [22] La linea temporale in questione, disse, attraversa la Grande Piramide, il Machu Picchu, e l'Isola di Pasqua e si estende a Angkor Wat.[23]

Sorprendente, pensai. Avevo lavorato su una linea temporale esistente senza saperlo. Un posizionamento all'Isola di Pasqua avrebbe collegato a posizionamenti fatti al Machu Picchu e Angor Wat, lasciando a me solo la Grande Piramide da rivedere un giorno, in futuro. Ero stato in Egitto nel 1996, ma non stavo facendo il mio lavoro con i cristalli allora.

Girando il Museo Antropologico P.Sebastian Englert proprio fuori da Hanga Roa, arrivai su una mappa storica che mostra l'allineamento tra Rapa Nui, Nuova Zelanda, e le Isole Hawaii. Molte delle culture polinesiane si originarono all'interno di questo triangolo Pacifico/polinesiano; spesso hanno creato le loro proprie sottoculture polinesiane, e i linguaggi, migrando in luoghi lontani, quali Rapa Nui, da canoe a bilanciere in navigazione. Non ho ancora trovato una discussione sulle linee temporali energetici create da questo triangolo, ma sento che esistono. Rimasi lì, analizzando le mille o più isole all'interno del triangolo, mi ricordai di aver messo un grande cristallo lemuriano nel lago sacro Rotorua, nell'isola Nord della Nuova Zelanda, undici mesi prima, e avevo messo numerosi cristalli sulla Grande Isola delle Hawaii negli ultimi dieci anni. Che bello, pensai. Ora ho messo cristalli sui tre punti del Triangolo Polinesiano. Forse questo creerà un ulteriore campo di risonanza di guarigione all'interno di questo triangolo.

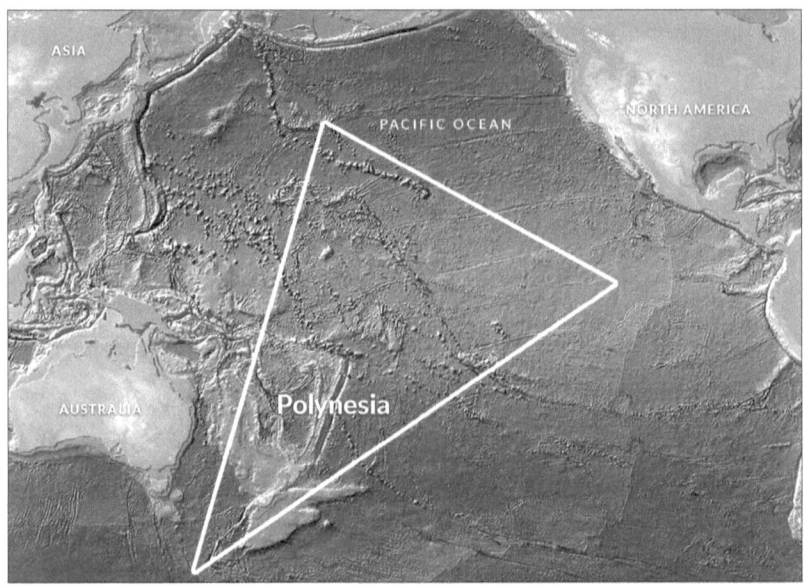

Triangolo polinesiano, Nuova Zelanda, Hawaii, e Rapa Nui, fonte: https://divediscover.whoi.edu/history-of-oceanography/polynesian-seafarers/

Mentre i pezzi si stavano ricostruendo, contattai gli amici, inclusa Terry, per unirsi a me. Trovare il volo da Santiago per l'Isola di Pasqua fu una grande sfida, a causa della crescente popolarità di oltre centomila visitatori l'anno. Credo che possiamo di nuovo ringraziare i social media per questo.

Un po' di storia di Rapa Nui: originariamente fondata dai polinesiani tra il 300 e il 700 d.C., fu scoperta dagli Olandesi nel 1722 la domenica di Pasqua; da qui, il nome. Fu poi visitata da inglesi (con Capitan Cook), spagnoli, francesi, russi, peruviani, e altri dal tardo 1700 al 1800 e fu infine annessa al Cile nel 1837. Fu presa in prestito dai cileni dalle fattorie di pastori britannici, ulteriormente danneggiando le terre già stressate, così come i siti archeologici, poiché pecore e cavalli ci camminavano intorno.

Il nostro gruppo arrivò a Gennaio del 2019, volando in un comodo 787 Dreamliner, atterrammo su una pista corta e piena di bozzi ma pavimentata, accanto alla capitale di Hanga Roa. Procedemmo verso il terminal a tetto di paglia, afferrammo le borse e prendemmo un pulmino per un remoto ecolodge, con una vasta vista sul Pacifico e campi di ananas sotto di noi. L'isola possiede solo 6,000 persone, sono quindi un po' sopraffatti dall'alto volume di turisti. La popolazione è approssimativamente per il 60 percento indigena Rapa Nui, e per il 40 percento immigrati cileni. Presto potemmo avvertire la tensione tra la gente locale di Rapa Nui contro i cileni, guidando tra i grandi cartelli dei protestanti contro un hotel a cinque stelle che era stato costruito sulla loro terra sacra. Tutto questo mi ricordò quello che accadde ai Nativi Americani sulle nostre terraferma e sulle isole Hawaii.

Girammo in un vecchio arrugginito camioncino Mitsubishi, con lo sciamano Pau e i suoi parenti che traducevano e facevano assistenza come guide di Rapa Nui, rimbalzammo sulle strade piene di buche, girammo i siti chiave dei Moai, compreso il famoso Ahu Tongariki, con quindici teste Mohai sopra.

Ahu Tongariki (foto dell'autore)

Tina, la cugina di Pau che fece da guida e traduttrice, ci indicò un suo capo ancestrale, rappresentato su questo ahu (piattaforma di pietra), rendendo questo luogo molto più significativo.

Diverse tribù furono rappresentate dal volto di capi ancestrali; queste tribù avevano apparentemente gareggiato per avere il più imponente ahu. Su tutti gli ahu, eccetto uno, le teste Moai guardano verso la gente e la tribù, offrendo protezione, invece che verso il mare. C'è tuttavia un Moai (volto di un antenato deificato) che guarda alle stelle.

Moai che guarda verso le stelle presso Rano Raraku (foto dell'autore)

Lasciai qualche cristallo nell'area circostante, ma non sull'ahu, andammo alla cava di pietra nei pressi del cratere vulcanico Rano Raraku; ci mostrarono come il Moai venne tagliato dalla pietra vulcanica, poi "camminò" usando delle corde, a volte per chilometri, fino alla destinazione finale sull'ahu (piattaforma). Presso questo sito c'è un unico Moai che guarda verso le stelle, e un altro che ha delle navi intagliate, molto probabilmente rappresentanti le navi spagnole o inglesi che fecero visita.

Sfortunatamente si possono vedere pochi Moai caduti e lasciati nel punto a faccia in giù della regione pietraia. Se cadevano, perdevano il loro potere e non venivano portate all'ahu. Inoltre purtroppo molti dei Moai sulle piattaforme vennero rovesciati da tribù in guerra, durante la guerra civile e un periodo di carestia. Sforzi collettivi dei giapponesi, dell'UNESCO e altri gruppi archeologici hanno aiutato a rimettere in posizione originale molti dei Moai caduti.

Moai rovesciato (foto dell'autore)

Dopo una lunga giornata, ritornammo in città per un po' di fantastico pesce locale. Camminammo per Hanga Roa, vidi uno stand di gelati e non potei resistere. Mi sentivo piuttosto accaldato, così più o meno lo inalai. Pessima idea, mi sentii improvvisamente il cuore andare in un battito irregolare. *Oh, cavolo,* pensai. *Mi sono appena messo in fibrillazione atriale! Mi è già successo prima, trangugiando bevande ghiacciate, e dovrei saperlo bene. Oh, non penso che sarò in grado di uscirne su un'isola remota a 3,700 chilometri dal centro medico principale. Mi prenderò un'aspirina sperando di uscirne.*

Durante la notte le palpitazioni continuarono a farmi svegliare di soprassalto periodicamente. Rimasi preoccupato che non sarei tornato a un ritmo normale. Non lo condivisi con le nostre guide, non volevo che si preoccupassero per me.

Motu Nui (Isola di Birdman) panorama da Orongo Village con Pau, sciamano di Rapa Noi, e l'autore (foto di Terry Smith).

La mattina seguente incontrammo Pau, lo sciamano, e le guide per portarci al luogo sacro di Orongo, un villaggio sul bordo del cratere vulcanico Rano Kau, dove ebbi la visione di posizionare il cristallo. Qui è anche dove la famigerata competizione locale Rapa Nui dell'uomo uccello ebbe luogo.

Ogni tribù avrebbe un concorrente, che, dopo essere sceso per l'infida scogliera, nuotava attraverso mare mosso, infestato dagli squali, fino a una piccola isola abitata dalle sterne. Ognuno avrebbe recuperato un uovo, lo avrebbe messo in sicurezza in una fascia, poi nuotato per tornare indietro, scalato la scogliera, e attraversato la linea dell'arrivo di ritorno a Orongo. Per un anno il vincitore sarebbe praticamente stato un semidio onorato da tutti, e sarebbe stato

conferito un grande onore anche alla sua tribù. Il master di successo riceveva il titolo di "Tangata Manu" (uomo uccello), e su presentazione dell'uovo, veniva scortato a Mataver, dove un grande banchetto veniva tenuto in suo onore; avrebbe vissuto in isolamento per un anno in una casa presso Rano Raraku (il luogo della pietraia).

Vedemmo l'area dove il piccolo Moai era stato portato dagli inglesi; conteso dai locali, continua a risiedere nel British Museum. Stanno negoziando il suo ritorno, perché fornisce mana (energia spirituale) da Orongo all'intera isola. Seguendo questo tour, con il cuore che ancora batteva irregolarmente, Pau offrì di portarci a una roccia curativa sull'orlo opposto del vulcano. Disse che, per centinaia di anni, le sue genti la usarono per curare varie malattie. Guardando il bellissimo cratere del lago sottostante fui entusiasta di fare un viaggio in questa zona, che è accessibile solo con il permesso locale.

Guidammo intorno al lato opposto e su una strada sporca e ardua fino a un piccolo sentiero. Camminammo per buoni treni minuti, fermandoci periodicamente per portare rispetto a un piccolo Moai scolpito. Mi sentii più senza fiato del solito, essendo il mio battito cardiaco irregolare, continuai a salire, entusiasta di raggiungere l'orlo del cratere e sentire l'energia della grande roccia magnetica di granito. Pau iniziò a cantare una preghiera

La visione di Rapa Nui

Rapa Nui, forse dal rongorongo geroglifico che suo cugino disse di aver memorizzato. Certamente non avevo idea di quale fosse la traduzione; suo cugino disse che erano preghiere di guarigione. Ascoltai e mi rilassai sulla roccia. Continuò a recitare, e sentii improvvisamente che il mio cuore stava di nuovo battendo regolarmente! Pensai tra me e me, *Incredibile, sono venuto qui senza aspettative, ma sono seduto qui da dieci minuti e sono tornato al mio battito cardiaco normale*, sorrisi mentre stavo seduto sulla roccia e semplicemente gli dissi, *Wow, grazie. Mi sento così bene a stare qui su questa roccia guaritrice.*

Avevo portato la Griglia di Unione con i cristalli in questo luogo sul bordo, essendo preoccupato di non poter posizionarli in profondità nel cratere sottostante. Forse potrei lasciarla qui. Avevo persino contemplato di lanciarli dal bordo del cratere, ma non mi piacque l'idea che sbattessero durante la discesa. Avevo visto segni e dettagli sulla mappa che solo la gente di Rapa Nui può scendere nel lago del sacro cratere. Il mio più grande desiderio, comunque, era di soddisfare la visione e metterlo in qualche posto nella base del cratere, o persino nel lago. Anticipando un *no* come risposta, dissi, *Pau, ho avuto una visione e dovrei mettere questa sfera con un cristallo nel cratere sottostante per onorare questa isola, le tue genti, aiutare a migliorare il suo mana, e aiutare a guarire il mondo. Potresti tu o un altro locale voler metterlo laggiù per me?*

Mi guardò negli occhi e senza esitazione disse, "Fred, tu andrai giù e posizionerai questa sfera. Hai il mio permesso, e otterrò il permesso per te e per i miei parenti di scendere presto, domani mattina. Non sono nella forma fisica per farlo di persona, ma di nuovo, voglio che tu porti a termine questa visione" (Tina traduceva). Ascoltandolo pronunciare queste parole, quasi scivolai giù dalla scogliera. *Oh mio Dio, la mia aritmia cardiaca si è risolta, e ora sta aprendo il cancello per noi, per scendere e fare il posizionamento in questo cratere sacro.* Non potevo credere a ciò che sentivo!

Tornando all'ecolodge quella notte, sentii un magico flusso di energia. Finalmente mi calmai, scivolai nei sogni e una volta svegliato mi preparai per questa avventura spirituale. Arrivammo la mattina presto all'inizio del sentiero, e iniziai la discesa di 200 metri. Aveva piovuto la notte prima, perciò il fango del vulcano era scivoloso nella discesa. Guardando giù al lago nel cratere, sembrò surreale che quella visione stesse per manifestarsi.

Cratere Lago Rano Kau (foto dell'autore)

Scivolando sulle natiche qualche volta, risi, mentre rimbalzavo giù su alcune sezioni del sentiero ripido. Mi avvicinai alla base del cratere, eravamo circondati da lussureggiante vegetazione, che prospera e fa scivolare l'acqua dalle acque fresche del lago verso la base. Guardai i boschi intorno a me, trovammo un tronco su cui sederci e un bel posto per rilassarci e metterci in cerchio. Ognuno di noi si passò la sfera, mettendoci le proprie intenzioni, tenendola stretta al cuore e al chakra della corona. Come gruppo decidemmo che sarebbe stato più potente metterla nel lago per collegare l'intero campo energetico al cratere. Tina condivise la leggenda locale di Rapa Nui, secondo cui c'è un grande cristallo blu nelle profondità del cratere. Fu entusiasta che un altro lo avrebbe presto raggiunto.

Circa un terzo del lago è coperto da uno spesso strato di canne fluttuanti, che permettono di camminare su questo flottante tappeto spugnoso verso il centro. La cosa più intrigante è che questa specie di canne si trova anche nelle isole fluttuanti di Uros, nel Lago Titicaca! C'è da chiedersi se i Pre-Inca o gli Inca avessero viaggiato a Rapa Nui molto tempo fa, e introdotto questa specie di canneto.

Tina chiese se volevo essere io a nuotare e mettere la sfera. Ci pensai un po', ma poi lo spirito mi fece intuire che la sua linea reale Rapa Nui la aveva resa la persona perfetta per rilasciarla nel lago cratere. Era arrivata preparata, andò in profondità nei boschi e tornò con il costume da bagno indosso per accettare la sfida. Avevo creduto che si sarebbe semplicemente tuffata nuda, ma riconobbi che con il figlio e i parenti lì fosse più appropriato indossare il costume. Era profondamente spaventata di entrare in acqua, e raccontò storie di mostri marini e persino navicelle spaziali emergere dalle profondità. Ci aveva indicato uno di questi mostri marini in un antico petroglifo intagliato su una roccia solo un centinaio di piedi lontano da noi; ci aveva persino mostrato forme triangolari sui tappetini di canne, che disse fossero collegate alle navicelle spaziali, pensando che fossero come cerchi di grano.

Camminammo lentamente per buoni quaranta metri, sul tappetino fluttuante di canneto, finché non arrivammo a una vasta apertura di acqua non molto lontano dal centro del lago. Come il lago Titicaca, si poteva vedere il bordo del tappetino di canne e vedere nelle profondità sottostanti.

Tenni la sfera stretta al cuore, inviai amore puro da spargere nel lago e nel vulcano, lo lasciai a Tina, che si sedette sul bordo del canneto.

L'autore con in mano la Griglia di Unione con i cristalli racchiusi (foto di Terry Smith).

Nuotando con grazia per buoni venti metri, lasciò cadere la sfera, permettendole di affondare gentilmente nel pavimento del cratere sottostante. Nuotò verso di noi e sorridemmo, congratulandoci con lei per essere tornata indietro salva. Potevamo tutti sentire un senso di flusso energetico successivo al posizionamento mentre tornavamo verso il sentiero.

Salendo su e fuori dal cratere, guardai nelle sue profonde acque blu. Sentii una così profonda gratitudine per l'universo per una volta ancora, che aveva creato il flusso per manifestare questa visione sciamanica. Ringraziai Tina e i suoi parenti, scendemmo giù verso Hanga Roa, e festeggiammo durante il pranzo, godendoci il ceviche (cockail di frutti di mare) e altro cibo locale. Accolsi le viste di onde infrangersi e fare schiuma verso le rocce laviche nere sotto il patio all'aria aperta, il momento di nuovo sembrò surreale.

Il giorno seguente decidemmo che sarebbe stato perfetto per il gruppo salire sul punto più alto dell'isola, dopo essere stato sulla più bassa elevazione, nel cratere di Rano Kau. Il vulcano più alto è Terevaka, alto oltre cinquecento metri; il sentiero inizia a Ahu Akivi ed è l'unica piattaforma dove i Moai guardano all'esterno, verso l'oceano. E' un bellissimo posto per iniziare una camminata, guardando le sette teste Moai che guardano fuori verso il blu scuro Oceano Pacifico.

Ahu Akivi (foto dell'autore)

Seguendo un sentiero di una quattro ruote, alla fine passammo a un sentiero singolo e potemmo vedere la città di Hanga Roa sotto. I versanti più bassi hanno terreni in piccole fattorie con verdure, e scendendo raggiungemmo la sommità di Terevaka e vedemmo il panorama dell'intera isola. Piccoli gruppi di varie nazionalità arrivarono, facendo un breve scatto della cima, prendendo un sorso della sommità, poi tornarono giù.

Per sfuggire ai turisti noiosi, continuammo a camminare per un po' e trovammo una piccola area piana proprio sotto la sommità, per un pranzo leggero. Connettendomi con le energie della montagna vulcanica, decidemmo un luogo per fare una piccola ruota di medicina. Potevamo sentire una vibrazione più alta in questa area, che qualcuno chiamerebbe un vortice. Usammo salvia e Palo Santo, purificammo il suolo, poi scavammo delle buche strette nella sabbia vulcanica per piantare la ruota di medicina. Usammo la mia bussola, orientammo i raggi di selenite e il lemuriano, poi recitammo le istruzioni peruviane di Pachamama, Mama Killa, Viracocha, Inti e K'uychi per attivare la ruota, come si fa per tradizione; poi usammo il mio piccolo sonaglio per connettere il mondo di superiore, di mezzo, e inferiore, alla ruota.

Ruota di medicina sulla sommità del Monte Terevaka (foto dell'autore)

Guardando attraverso l'isola sul cratere di di Rano Kau mandammo le intenzioni di allineare questa ruota all'Unità di Unione, riempita di cristalli nel lago cratere, e di emanarla all'esterno a tutti i cristalli lemuriani nella griglia intorno al mondo. L'energia da questo picco iniziò a sentirsi come un raggio di luce splendente, e si connesse con gli altri punti in Perù, Nuova Zelanda, Hawaii, Angkor Wat, e oltre.

Dopo aver sotterrato la ruota di medicina di cristallo, ci rimettemmo gli zaini in spalla e iniziammo la discesa di due ore. Sentivo il mio corpo energetico leggero e interdimensionale mentre scendevo. Era il nostro maggiore posizionamento prima della partenza il giorno successivo, così tornammo al lodge per fare una cerimonia di piante medicinali per connetterci all'impatto del cristallo posizionato. La pianta medicinale psichedelica iniziò a avere effetto, mi sdraiai, occhi chiusi, nella camera scura, e iniziai a vedere colori iridescenti e la complessa geometria 5D. La musica mantra suonava, e una fresca brezza oceanica arrivò attraverso le finestre aperte. Presto vidi i raggi di luce arcobaleno emergere dalle profondità del cratere di Rano Kau, e più raggi irradiarsi dalla sommità di Terevka. Osservai semplicemente la luce irradiare per almeno un'ora e poi la vidi connettersi con un picco in lontananza in qualche luogo sull'Himalaya. Ora, che strano. Perché avrei dovuto vedere questo piuttosto che qualcosa di più vicino, nel Pacifico? Continuando a seguire questo flusso di luce, il nome del picco venne a me: Monte Kailash, il sacro picco tibetano e luogo di pellegrinaggio degli Hindu, Buddisti, Jains, e Bonpa ("i Bons"). E' noto ai buddisti come Monte Meru.

Monte Kailash (foto di Terry Smith)

Con mia sorpresa il tempio cambogiano di Angkor Wat rappresenta il Monte Kailash, con la torre di loto centrale e le quattro torri di loto che rappresentano i picchi sorelle.

Angkor Wat (foto dell'autore).

I pellegrini tipicamente camminano in direzione oraria intorno a questo picco di 6 chilometri per ricevere la fortuna del dio. In seguito imparai che "Monte Kailash" deriva dal sanscrito kailas, che significa "cristallo" (cfr. Definizione nella citazione).

"Kailash, kailas, si riferisce all'abilità dello yoga di sviluppare [la] chiarezza cristallina della vera natura."[24] Wow, che perfezione; ha avuto un folle senso che i cristalli di Rapa Nui si connettessero al picco cristallino 20,000 chilometri da qui, sull'Himalaia del Tibet!

Improvvisamente visualizzai quello che apparve essere un portale nel cielo sopra Kailash, ruotare e connettersi al cosmo, ma anche mandare filoni di energia verso Rapa Nui. Wow, non mi sarei mai aspettato qualcosa come questo arrivare!! Presto, mentre più energia fluiva nel Pacifico, visualizzai un portale più piccolo aprirsi su Rapa Nui. Il mio senso in questo profondo viaggio fu che Monte Kailash stava inviando energia o informazioni per aiutare a riattivare un antico portale su questa isola. Mentre il portale tornava di nuovo attivo, più energia di luce dal cosmo si riversava in esso, permettendogli di condividere luce dall'isola alle regioni di sbilanciamento intorno al mondo. Non solo vidi la luce fluire dalle montagne, ma mi fu mostrato come la neve, sciogliendosi, scorresse nel sacro fiume Gange, svuotandosi nella Baia di Bengal, seguita da una parte di questa acqua che circolava attraverso le correnti oceaniche dritta verso Rapa Nui.

Più tardi la mattina seguente integrai queste visioni inaspettate con il gruppo. Terry aveva visto navicelle spaziali volare sull'isola nelle sue visioni, e mi ricordò che proprio sei mesi prima alla base di Kailash nel lago sacro Manasarovar, aveva posizionato un cristallo che le avevo dato. Forse il suo posizionamento del cristallo, connettendosi a questa montagna granitica cristallina a forma di piramide, era tutto ciò che serviva per riconnettersi attraverso i cristalli messi su Rapa Nui.

Il volo di ritorno di 5 ore verso Santiago, seguito dal volo di dodici ore per Denver, mi diede abbondante opportunità di contemplare il nostro soggiorno a Rapa Nui. Sarò per sempre grato ai miei nuovi amici di Rapa Nui Pau, Tina e famiglia, per avermi mostrato le magiche energie dell'isola, e ho fiducia che il nostro lavoro lì amplificherà il mana della loro gente e dell'isola, permettendo a questo posto sacro di aiutare Gaia a ribilanciare lei, i suoi abitanti, e le dimensioni superiori in essa contenute.

Capitolo 8:
Connettere, emanare la griglia intorno a Gaia e nel cosmo

Sento che Rapa Nui è un punto di svolta, ma vedo molto più lavoro davanti a me. Il mio ruolo come guaritore medico continua, ma lo vedo espandersi nel regno dell'aiuto per gli altri, man mano che si risvegliano. Che sia condividendo le mie intuizioni spirituali attraverso i miei impegni di discorsi pubblici mensili, o forse organizzando dei ritiri, il tempo me lo dirà. I miei impegni pubblici non sono per soldi o per popolarità. Piuttosto li vedo come un onore, per aiutare gli altri a migliorare mente, corpo, e equilibrio spirituale. E' il mio dharma.

Continuare questa selvaggio, inusuale chiamata di posizionamento dei cristalli per creare griglie, attivazioni, e linee temporali si estende oltre il mio ruolo tridimensionale su questo pianeta, e continuerò a fluire con esso. Ho fatto così tanti posizionamenti che non posso nemmeno ricordarmi di metterli tutti sulla mappa. Onorare punti in luoghi sacri, quali Sedona, Shasta, e i Redwoods, e luoghi internazionali nel Sudest Asiatico, nelle isole greche, e persino sulla sommità del Monte Kilimangiaro, continua a necessitare di qualche domanda:

- Qual è lo scopo nel fare questo lavoro?

- Farà la differenza?
- Avrà una fine?

A volte sento che non è il posizionamento del cristallo che ha importanza, ma l'apertura del cuore e la compassione che genera quando li posiziono per onorare Gaia. Forse c'è un campo energetico di coerenza crescente, che si sviluppa anche dal posizionamento dei cristalli. Nonostante qualcuno potrebbe definirmi pagano, si sbaglia. E' oltre ciò che può essere definito o etichettato nella nostra semplice maniera umana.

Ora sappiamo, da recenti studi scientifici, che possiamo muovere il nostro DNA attraverso pratiche basate sulla mindfulness, specialmente quando risuoniamo con amore, gratitudine, perdono, e compassione. Ne parlo in maniera dettagliata nel mio libro *Spiritual Genomics*. Sappiamo anche di poter ridurre dolore e infiammazione attraverso il posizionamento di aghi di agopuntura sul corpo umano. Inoltre, il tocco umano e il lavoro energetico possono aiutare la guarigione.

E' possibile cambiare le proprietà energetiche di Gaia, creando griglie e linee temporali, tramite, con intenzioni amorevoli, il posizionamento di cristalli, pietre, e templi, o altri mezzi? La mia intuizione mi dice di sì. Mentre continuiamo a minare e inqui-nare la terra con le nostre crescenti popolazioni, dobbiamo fare del nostro meglio per dare in cambio quello che da lei abbiamo preso e proteggere le nostre acque, foreste, e forme di vita. Cercando un equilibrio planetario ying/yang, o Maschio/Femmina, avverrà un cambiamento nel proteggere la Terra. Attualmente siamo in un ciclo maschile (yang), tendente con resistenza a un regno più bilanciato ying/yang. Mentre lo scossone continua a essere agitato, localmente e globalmente gli individui continueranno a scendere in campo per far avanzare questa tendenza. Molti di noi verranno ridicolizzati, in modi irrispettosi e sconsiderati, da coloro che cercano più potere e risorse materiali. Dobbiamo resistere uniti per sconfiggere questa oscurità. Facendo questo dobbiamo fermare l'oscurità, riempirla di luce, e risvegliare molti altri per aiutare a salvare noi stessi e il pianeta.

- Cosa possiamo fare individualmente come società qui negli Stati Uniti e, possibilmente, al livello globale?

- Far sentire la nostra voce per una maggiore protezione ambientale delle nostre terre e degli oceani

- Ridurre drasticamente l'inquinamento di aria e acqua (compreso l'uso di pesticidi)

- Ridurre e mitigare FEM e altre frequenze nocive (ad esempio, la wireless 5G)

- Ridurre il consumo/emissione di combustibile fossile, e promuovere soluzioni energetiche sostenibili, pulite e verdi.

- Cercare soluzioni pacifiche per i conflitti interpersonali e, su una più vasta scala, evitare guerre.

- Rallentare la crescita della popolazione attraverso un migliorato controllo delle nascite e della pianificazione familiare, poiché siamo a una capacità massima.

- Dislocare risorse per prevenire la fame nel mondo e le malattie

- Eleggere leader responsabili, compassionevoli che abbraccino la realtà di stare insieme sul pianeta, e che cercano soluzioni globali sostenibili per tutti

- imparare, scoprire, ricordare e rigenerare le tecniche di guarigione personali e planetarie delle antiche civiltà

- Di nuovo, ultimo ma non per importanza, risvegliare gli altri al mondo oltre la dimensione materialistica tridimensionale, motivandoli a aiutare a guarirci l'un l'altro e a guarire il pianeta in cui viviamo. Che sia attraverso il volontariato, per fornire il filtraggio dell'acqua, per prevenire malattie in un remoto villaggio africano, o posizionare cristalli intorno al mondo, tutto fa la differenza.

Così, mentre faccio i miei posizionamenti, e incoraggio gli altri a inseguire percorsi di luce, per tanto inusuale o apparentemente casuale che possano essere, entro in uno spazio di amore senza tempo. La mia esistenza umana è solo un nano secondo in questa linea temporale planetaria, ma l'impronta energetica che lascio per l'ampliamento della vita e della salute del pianeta è infinita. Forse tra 500 milioni di anni, una forma di vita, umana o non, prenderà uno dei miei centinaia di cristalli posizionati intorno al mondo e dirà, "Wow, come, quando e per quale ragione questo è stato lasciato qui?" La mia speranza è che lo vedano come un regalo di gratitudine e di amore alla Terra e a tutti i suoi abitanti. A tutto ciò che è, o potrebbe essere stato, anche se ci ancellassimo dalla faccia del pianeta. La mia energia e il mio amore sono radicati nel cuore in ogni cristallo, e se apparterranno a una intelligenza superiore, sapranno qual é il loro scopo semplicemente tenendoli in mano. **Aho.**

Ringraziamenti

Sono grato per tutto il supporto ricevuto da famiglia e amici mentre scrivevo questo libro. Grazie specialmente a mia moglie Theresa, mia figlia Brooke, mio figlio Keaton, e ai cani della famiglia per la pazienza durante questo lavoro.

Senza il loro aiuto e la loro flessibilità, non avrei mai trovato il tempo per completarlo.

Grazie a tutto il mio staff, Austyn Lewis e Laura Paolicelli, per tenere l'organizzazione e l'efficienza del lavoro con le visite dei pazienti.

Grazie a Margaret A. Harrell per il suo eccellente lavoro editoriale e per aver voluto fare un secondo libro con me. Grazie a Darlene Swanson per il suo sorprendente design e formato di lavoro.

Grazie anche ai miei amici spirituali, che mi hanno aiutato a mantenere la passione di provare a rendere il mondo un posto migliore in cui vivere, e per comprendere le mie stranezze. Tra questi Terry Smith, Jonathan e And Goldman, Shelley Genovese, Jyoti Stewart, Gurpreet Gill, Gregory e Gail Hoag,

Yves Nager, Eunjung Choi, Kahuna Kalei, Pau, Tina Walters, Marco Aristondo, James Loan, Gurudarshan Khalsa, Doug Ellis, Amy Munroe, don Oscar Miro Quesada, Jonette Crowley, Daniel Gutierrez, e Miguel Angel Vergara. Grazie a molti altri che mi hanno aiutato lungo la via, e alla luce del futuro e dei guaritori energetici, spero di incontrare chi assisterà all'accelerazione della liberazione del pianeta dall'oscurità.

Infine, ma non per importanza, grazie a Gaia per nutrire e supportare la mia vita, ai dei e alle dee, e alle forze invisibili del cosmo che aiutano a mantenere la vita e la struttura nell'universo apparentemente infinito che ci circonda.

Note

1. "5D optical data storage," Wikipedia, https://en.wikipedia.org/wiki/5D_optical_data_storage.

2. "Peru for Less: Intihuatana," https://www.machupicchu.org/ruins/inti-huatana.htm

3. "Machu Picchu. What is the Intihuatana stone?" https://www.explorandes.com/machu-picchu-intihuatana-stone

4. See Liza Prado and Gary Chandler, the section "Temples XII and XIII" in Moon Yucatán Penin-sula, for additional information; online at https://books.google.com/books?id=30HXCwAAQBAJ&pg=PT865&lpg=PT865&dq=Temple+XII+(Moon)+and+XIII,+adjacent+to+the+Temple+of+Inscriptions.&source=bl&ots=HqYaYP2gkp&sig=ACfU3U0vnN3CWrk08ipbgM7owKp7M29m-g&hl=en&sa=X&ved=2ahUKEwjYhNzIzvvlAhVPnlkKHYFlAuQQ6AEwE3oECA0QAQ#v=onepage&q=Temple%20XII%20(Moon)%20and%20XIII%2C%20adjacent%20to%20the%20Temple%20of%20Inscriptions.&f=false.

5. Sotto la voce "K'inich Janaab Pakal."

6. Christopher Minster, "The Sarcophagus of Pakal," Jan. 15, 2018, https://www.thoughtco.com/the-sarcophagus-of-pakal-2136165.

7. Mark Cartwright, "Palenque," Oct. 17, 2014, https://www.ancient.eu/Palenque/.

8. Tom Clynes, https://www.nationalgeographic.com/news/2018/02/maya-laser-lidar-guatemala-pacunam/.

9. "Chaco Canyon: Observation: The Great Houses," https://www.exploratorium.edu/chaco/HTML/time2.htm.

10. "Solar Astronomy in the Prehistoric Southwest," http://www.hao.ucar.edu/education/archeoslides/slide_20.php. "The remnant of this supernova [SN-1054], which consists of debris ejected during the explosion, is known as the Crab Nebula and is located in the constellation Taurus."

("Supernova Pictograph," https://www2.hao.ucar.edu/Education/SolarAstronomy/supernova-pictograph.)

11. "Chaco Research Archive," http://www.chacoarchive.org/cra/chaco-sites/casa-rinconada/.

12. I.Connect website, http://iconnect2all.com/products/pleiadian-communication-portal/

13. "Quetzalcoatl," https://en.wikipedia.org/wiki/Quetzalcoatl.

14. John Taylor (1882), An Examination into and an Elucidation of the Great Principle of the Mediation and Atonement of Our Lord and Savior Jesus Christ.

15. "Pre-Hispanic City of Chichen-Itza," https://whc.unesco.org/en/list/483/

16. "The Mitchell-Hedges Crystal Skull: Laboratory Tests," https://mitchell-hedges.com/lab-tests/. And "The Mitchell-Hedges Crystal Skull," https://mitchell-hedges.com/the-crystal-skull.

17. "Mysteries: Ancient Mysteries—Crystal Skulls," https://www.mysterypile.com/crystal-skulls.php

18. "The Lodge at Chichen Itza," https://www.mayaland.com/the-lodge-at-chichen-itza

19. "Crystal Skull: Max," https://www.crystalskulls.com/max-crystal-skull.html

20. Cfr. https://www.crystalinks.com/lemuria.html

21. "About," Kahuna Kalei website, http://www.kaleiiliahi.com/about.html

22. "Graham Hancock," Wikipedia, citazione dal suo ibro e dal sito.

23. Cfr. Jim Alison, "Exploring Geographic and Geometric Relationships along a line of Ancient Sites around the world," May 2001, https://grahamhancock.com/geographic-geometric-relationships-alisonj

24. "Kailas," Yogapedia, https://www.yogapedia.com/definition/7558/kailas

Illustrazioni

1. Kayak da mare presso il Parco Nazionale di Abel Tasman con sua moglie Theresa (foto di un caro compagno di kayak)
2. Il vero primo cristallo di Lemuria dell'autore, che fece scoccare la scintilla.
3. Autore con Cristallo di Lemuria sul Terzo Occhio (foto di Keaton Grover)
4. Semi di cristallo di Lemuria, selezionati da uno stock di cristalli successivamente utilizzati in una destinazione a venire (foto dell'autore)
5. La mesa dell'autore, usata per scopi meditativi seguendo il principio della tradizione Pachakuti Mesa (foto dell'autore).
6. Foglia di coca, fonte https://commons.wikimedia.org/wiki/File:Folha_de_coca.jpg
7. L'apachita personale dell'autore nel suo cortile
8. Fred presso la Porta del Sole, Machu Picchu, nel 2001 (foto di un compagno di escursione).
9. Machu Picchu in un angolo, in evidenza le terrazze a gradoni di piramide (foto dell'autore)
10. Intihuatana, ovvero "il punto in cui riposa il Sole" (foto dell'autore)
11. Machu Picchu con l'Huayna Picchu sullo sfondo (foto dell'autore)
12. Capanna cerimoniale vicino Pisac, presso cui ho partecipato alla mia prima cerimonia ayahuasca (foto dell'autore)
13. Immagine di pianta Ayahuasca
14. Linee di agopuntura e meridiani (iStock)
15. L'autore nella sua stanza da meditazioni alchemizzando energie, utilizzando un lettino sonoro, con sottofondo di musica mantra, una

terapia con un campo magnetico a impulsi e geometria sa-cra. O meglio chiamata scherzosamente: la sedia del Capitano, per viaggi interstellari! (foto di Keaton Grover)

16. Copia del coperchio del sarcofago di Pical di un artista locale sconosciuto, acquistato dall'autore su territori di Palenque. Un razzo sull'Albero del Mondo Sacro?
17. Salvia e Palo Santo lungo il retro del mio tamburo sciamanico (foto dell'autore)
18. Guida di Palenque, Victor Hernandez (foto dell'autore)
19. Tempio delle Iscrizioni (foto dell'autore)
20. Autore con il Palazzo di Palenque sullo sfondo (foto di un gentile turista)
21. Complesso del Tempio della Croce (foto dell'autoreLato sinistro: acqua inquinata da Fujiwara Dam.
22. Lato destro: impatto geometrico di un monaco buddista che canta "Il Sutra del Cuore" all'acqua inquinata. Foto di Masaru Emoto da Messaggi dall'Acqua, come spiegato da Jonathan Goldman.
23. Cascate di Palenque (foto dell'autore)
24. Corvo (foto dell'autore)
25. Il flauto dell'autore (foto dell'autore)
26. Kivas a Chaco (foto dell'autore)
27. L'imponente complesso di Pueblo Bonito con i suoi quaranta Ki-vas dalla cima dell'altopiano (foto dell'autore)
28. Cristalli di Lemuria per Chaco (foto dell'autore)
29. Pueblo Bonito con la sua formazione a D, vista dall'altopiano (foto dell'autore).
30. Porte d'entrata di Pueblo Bonito, Chaco Canyon (foto dell'autore)
31. Fajada Butte presso Chaco (foto dell'autore)
32. Il Pugnale di Luce di Francine Hart
33. Kiva Casa Rinconada (foto dell'autore)
34. Autore con stella 3D e cristalli di Lemuria (foto di Keaton Gro-ver);stella 3d creata da George Hoag; vedere iconnect2all.com per questa forma geometrica, la griglia dell'Unione, e altre.

Illustrations

35. Portale Pleidiano nella stanza di meditazione dell'autore, dise-gnata da Christine Day e costruita da Greg Hoag: cfr. iconnect2all.com per questa e altre Metaforme.

36. Localizzazione del lago Titicaca in Sud America (iStock).

37. Greg Hoag, l'autore, e Jonette Crowley con la Griglia Unitaria subito dopo la cerimonia. Attivata sciamanicamente dal gruppo sul terreno di Greg, vicino Lyons, Colorado, e condotta da Daniel Gutierrez.

38. Griglia dell'Unione attivata all'estremità nord dell'Isola del Sole presso le rovine di Chincana (foto dell'autore).

39. Autore con le tre piccole isole nel lontano sfondo (foto di Shelley Genovese).

40. La barca del dislocamento della Griglia dell'Unione sul Lago Titi-caca! Legata a una piccola isola centrale proprio di fronte alle acque profonde per il posizionamento (foto dell'autore).

41. Geometria frattale presso Alhambra (Shutterstock)

42. Luna sanguinolenta nascente sulle Ande Boliviane e sul Lago Ti-ticaca (foto dell'autore).

43. Tempio sotterraneo a Tiwanaka con teste lavorate di gruppi etni-ci da tutto il mondo (foto dell'autore).

44. Testa di alieno nel tempio sotterraneo (foto dell'autore).

45. Autore dietro alla Porta del Sole (foto di Shelley Genovese).

46. I Blocchi H di Puma Punka (foto dell'autore).

47. Un Quetzal che connette le energie tra Machu Picchu, Palenque, e Chaco, così come visualizzato dall'autore e disegnato dall'arti-sta Danielle Lanslots su commissione.

48. Cerchio di Teschi con Rosa centrale (foto dell'autore).

49. Coppia di Quarzi Rosa/ Lapis con cristallo di Lemuria avvolto in foglia di banana, pronto per posizionamento (foto dell'autore).

50. L'autore con la piramide Kukulkan sullo sfondo (foto di Terry Smith).

51. (Sacro) Cenote Nord (foto dell'autore).

52. Piramide del Mago a Uxmal (foto dell'autore).

53. L'autore con Miguel sotto un albero Ceiba di Uxmal (foto di Terry Smith).

54. Palazzo del Governatore, Uxmal (foto dell'autore).
55. Replica del tradizionale bruciatore d'incenso (foto dell'autore)
56. Tulum, El Castillo (foto dell'autore).
57. Tulum, Templo del Dios del Viento/Tempio del Dio Vento (foto dell'autore)
58. Moai a Rano Raraku (foto dell'autore)
59. Localizzazione Rapa Nui nel Pacifico. https://www.britannica.-com/place/Easter-Island: e mappa dell'Isola che mostra la forma triangolare, https://commons.wikimedia.org/wiki/File:Easter_I-sland_map_eng_svg.
60. Kahuna Kalei (foto fornita da lei).
61. Triangolo polinesiano, Nuova Zelanda, Hawaii, e Rapa Nui, fonte: //divediscover.whoi.edu/history-of-oceanography/polynesian-seafarers/
62. Ahu Tongariki (foto dell'autore)
63. Moai che guarda verso le stelle presso Rano Raraku (foto dell'autore)
64. Moai rovesciato (foto dell'autore)
65. Cratere Lago Rano Kau (foto dell'autore)
66. L'autore con in mano la Griglia di Unione con i cristalli racchiusi (foto di Terry Smith).
67. Ahu Akivi (foto dell'autore)
68. Ruota di medicina sulla sommità del Monte Terevaka (foto dell'autore)
69. Monte Kailash (foto di Terry Smith)
70. Angkor Wat (foto dell'autore).

Appendice
Google Map: Griglia del cristallo di Lemuria

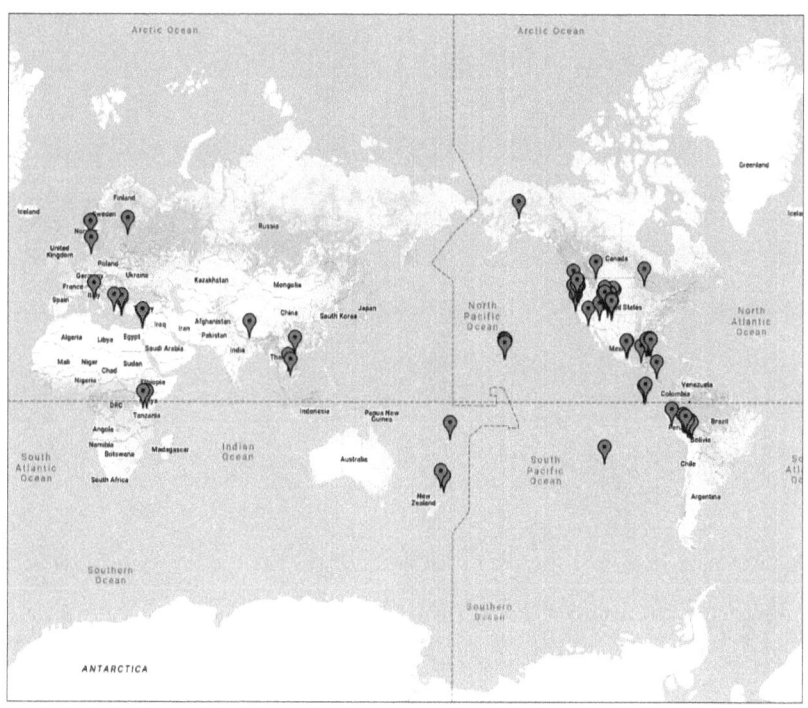

https://www.spiritualgenomics.com/global-map-of-activations

Notizie sull'autore

Fred Grover Jr., M.D., è l'autore di Spiritual Genomics (2019), che fornisce con dettaglio come si può cambiare il DNA in favore di uno stato più salutare e ottimale, attraverso la mindfulness e uno stile di vita salutare. E' un qualificato medico di famiglia, che sta entrando nel ventisettesimo anno di pratica clinica a Denver. E' assistente professore di ricerca clinica di Medicina di Famiglia per l'Università del Colorado, di frequente insegna agli specializzandi in cure di medicina integrativa, ha pubblicazioni di articoli di ricerca circa la terapia a raggi infrarossi transcranica per lesioni traumatiche cerebrali. La sua particolare pratica privata si focalizza sulla salute tra corpo e mente, e comprende due stanze dedicate alla terapia del suono e al lavoro energetico. Oltre a fornire medicina moderna allopatica rigenerativa, quando possibile cerca mezzi naturali per guarire infiammazioni e malattie.

Oltre alla cura olistica dei suoi pazienti è appassionato di salute del pianeta, supporta molte cause ambientali e minimizza le sue emissioni di carbonio il più possibile, riscaldando la sua casa maggiormente attraverso l'energia solare. I suoi avventurosi viaggi spirituali spesso comprendono cerimonie con indigeni sciamani, e la maggior parte di questi viaggi include anche onorare Gaia attraverso il posizionamenti di cristalli descritti nel libro. Seguendo questo inusuale percorso, con un piede nel mondo tridimensionale e l'altro in quello multidimensionale, mantiene un flusso dharmico centrato sul cuore per il pianeta, le sue forme di vita, e il cosmo circostante.

www.ingramcontent.com/pod-product-compliance
Lightning Source LLC
Chambersburg PA
CBHW031113080526
44587CB00011B/956